AF452935

ÉTUDES LITTÉRAIRES

SUR

LA RÉVOLUTION FRANÇAISE.

ÉTUDES LITTÉRAIRES

SUR

LA RÉVOLUTION FRANÇAISE,

PAR AUGUSTE VITU.

FRANÇOIS SULEAU.

PARIS, | GRENOBLE,

Chez FRANCE, libraire-éditeur, | Chez BARATIER frères et fils,
quai Malaquais, 15. | imprimeurs-libraires.

1854.

ÉTUDES LITTÉRAIRES

SUR

LA RÉVOLUTION FRANÇAISE.

FRANÇOIS SULEAU.

LE dimanche 17 janvier 1790, dès cinq heures de l'après-midi, une foule attentive remplissait la salle d'audience du Châtelet de Paris. On allait juger un homme accusé de *lèse-nation*, crime nouveau que l'Assemblée constituante avait substitué dans le Code pénal au crime féodal de lèse-majesté. Tout intéressait au prévenu : sa jeunesse, la beauté de ses traits, une réputation d'esprit et de bravoure, son dévoûment chevaleresque à la monarchie défaillante, tout, jusqu'à la gravité de l'accusation que les journaux révolutionnaires s'efforçaient de relier à l'affaire de M. de Favras, et qui pouvait aboutir à une condamnation capitale. Les propos de l'auditoire étaient empreints de préoccupations pénibles; les femmes surtout, et jamais la sombre enceinte du Châtelet n'en vit paraître de si charmantes, ne tarissaient pas en soupirs douloureux.

L'objet de ces vives sympathies n'était pourtant ni M. de Favras, ce héros sacrifié d'avance à d'éclatantes déloyautés, ni M. de Bézenval, noble exemple de la fidélité militaire, élégant et spirituel soldat, qu'on ne détenait que par une violation évidente du droit des gens. C'était un simple journaliste, nommé François Suleau, écrivain par occasion, pamphlétaire par nature, un peu militaire, un peu robin, brave comme Saint-Georges, beau comme Létorières et aussi gascon que Cyrano de Bergerac.

Son apparition sur la sellette fut le signal d'une véritable ovation, dans laquelle l'enthousiasme se confondit avec l'attendrissement. Quelques-uns de ses amis ne purent retenir leurs larmes : tous frémissaient, cherchant à lire dans les yeux de l'accusé l'espoir incertain d'une victorieuse défense.

Leur souhait fut pleinement exaucé. Au lieu d'un prévenu courbé sous le poids d'une inculpation terrible, on vit un jeune homme calme, souriant, maître de son intelligence et de sa parole, froidement et finement railleur, maniant la plaisanterie avec une aisance qui n'évitait le cynisme qu'à force de verve et d'éclat. Bientôt, devant l'assistance éblouie, le banc des accusés se transforme en un théâtre du haut duquel l'inculpé jette le sarcasme et le ridicule à pleines mains sur la tête de ses accusateurs. L'interrogatoire devient un *scenario* de farce italienne, où le juge ne paraît que pour donner la réplique à l'insolent et beau Léandre. Le rapporteur, abasourdi, n'interroge plus qu'en tremblant; et l'accusé, s'animant de sa propre audace, ivre de son triomphe, continue avec une éloquence volubile, inépuisable et sans frein, son étourdissante improvisation.

Il faut donner ici quelques extraits de cet interrogatoire unique dans les fastes de la justice criminelle. C'est le meilleur moyen d'abréger notre tâche au bénéfice du lecteur, car tout Suleau se trouve là : talent, caractère et biographie. Nous n'aurons plus qu'à compléter les traits principaux de ce type singulier, qu'on peut expliquer à loisir, mais qu'il faut renoncer à peindre autrement qu'en lui empruntant sa brosse et ses couleurs.

Les juges de Suleau lui donnèrent d'abord
lecture des imprimés, manuscrits et pièces
de toute nature joints au dossier de l'accusation. Suleau avoue et reconnaît toutes ces
pièces; mais il témoigne quelque surprise
de ne pas trouver les charges aussi volumi-
neuses qu'elles pouvaient l'être et offre très-
obligeamment d'y suppléer lui-même en rem-
plissant les lacunes de sa correspondance. —
« D'ailleurs, ajoute-t-il, j'y vois ample ma-
» tière à compliments et pas l'ombre d'un
» grief. Je ne puis me refuser au plaisir de
» croire que je n'ai été amené au pied du tri-
» bunal avec tant d'appareil que pour rece-
» voir avec d'autant plus de solennité, des
» remercîments et des éloges. »
On l'engage à se choisir un conseil. —
« Je n'en ai pas besoin. » — « Le décret de
» l'Assemblée l'exige. » — « Eh bien, pour
» la forme, dites à un procureur de nous
» envoyer ici sa robe; l'intention de l'As-
» semblée sera remplie. Au surplus, ma dé-
» fense est dans ma conduite, et ma justifi-
» cation sera complète. »
L'interrogatoire commença et prit l'affaire *ab ovo*. Suleau se vit pressé de questions
épisodiques et minutieuses sur sa famille,
sur ses occupations, ses mœurs, etc. Mais
Suleau, loin de se scandaliser de cette mul-

tiplicité de questions superflues , s'en diver-
tit franchement :

— « Je ne puis vous dire avec précision com-
» bien de fois j'ai battu ma nourrice ; mais le
» comité des recherches doit avoir là-dessus des
» notes infiniment précieuses et instructives. J'ai
» fini mes humanités à Amiens , mon cours de
» philosophie au collége Louis-le-Grand ; j'ai
» même l'honneur , si c'en est un , d'être un
» suppôt de la fille aînée de nos rois (maître
» ès arts en l'Université de Paris). J'avais alors
» dix-huit ans; il y a donc treize ans quatre mois
» dix-sept jours que je suis un grand garçon. Si
» vous êtes curieux de savoir ce que j'ai fait de-
» puis tout ce temps-là , vous verrez beaucoup
» d'espiégleries , et même par-ci , par-là , quel-
» ques polissonneries ; et si vous voulez me
» suivre partout où j'ai divagué, je vous ferai
» voir du pays.
» J'ai d'abord traîné ma robe dans la poussière
» du palais. Viennent ensuite mes expéditions
» militaires ; cela fourmille d'anecdotes piquan-
» tes ; mais ce récit nous consumerait trop de
» temps.
» Un beau matin , M. le hussard (1) s'est

---

(1) Je ne puis deviner sur la foi de quels renseignements M. Quérard affirme dans *la France
littéraire ,* que Suleau avait été gendarme à Lu-
néville. D'ailleurs , le peu de lignes que ce labo-
rieux écrivain consacre à Suleau contient plus
d'erreurs que de mots.

» éveillé avocat ès conseils du Roi (1) ; cette plai-
» santerie a duré environ quatre ans et lui a valu
» rapidement quelques centaines de mille livres.
» Mais, possédé du démon de l'agiotage, j'ai un
» peu joué dans les eaux de Paris, les actions
» du doublage, etc. Toutes ces spéculations
» neckériennes m'ont ruiné ; j'ai perdu 230,000
» livres ; enfin j'ai vendu ma charge pour solder
» plus promptement mes créanciers. Il ne m'en
» reste plus que cinq ou six petits ; cependant,
» j'en aperçois un ici. M. le Roux ! approchez,
» Monsieur.... — « Non, Monsieur, dit l'hon-
» nête créancier tout attendri, vous ne me devez
» rien. » — Grand merci, Monsieur ! reprend
» Suleau. Ecrivez, Monsieur le greffier, que Mon-
» sieur me donne quittance ! »

Les juges, les témoins, l'auditoire, la
maréchaussée rient aux larmes de cet inter-
mède, et Suleau poursuit avec le plus grand
sang-froid l'histoire de sa vie passée. — « Enfin,
» j'ai visité les îles du Vent ; de là, je me
» suis rendu à Saint-Domingue, d'où j'ai pris
» mon essor, le 4 avril dernier, pour l'A-
» mérique septentrionale. (2) Après avoir par-

----

(1) Suleau figure en cette qualité dans l'*Almanach royal* de 1785 et 1786.

. (2) Suleau avait été frappé du spectacle que
présentait déjà l'Amérique du Nord. Nous cite-
rous seulement les lignes suivantes, où l'annexion

» couru les différents Etats de ce continent ,
» je me suis embarqué à la Nouvelle-York,
» le 11 juillet, pour l'Angleterre ; j'étais à
» Paris le 27 août. Ce voyage embrasse un
» espace de trois années , qui ont été par-
» semées d'aventures assez drôles, mais tout
» à fait étrangères à mon aristocracisme.

» Chemin faisant, j'avais recueilli la dé-
» mission du sénéchal de la Guadeloupe ;
» mais je ne pus le remplacer dans ses fonc-
» tions de judicature, sans en avoir obtenu
» l'agrément du Roi , et c'est là très-exclu-
» sivement l'objet de mon retour en France.
» C'est alors que j'ai eu lieu de me con-
» vaincre que le monarque avait bien d'autres
» affaires à penser que la mienne ; des co-
» mités , des districts, une assemblée natio-
» nale.... Bref, j'espère que tout cela finira
» bientôt, et je prends patience. »

Après ce violent coup de boutoir contre le

---

de Cuba est prédite : « Un jour viendra (je de-
» mande acte de ce pronostic) où l'Amérique
» continentale revendiquera comme des émana-
» tions de son propre sol cette chaîne d'îles que
» des convulsions de la nature détachèrent de ses
» rivages, mais alors elle aura atteint ce haut
» degré de splendeur où sa situation et ses des-
» tinées l'appellent. »

nouvel ordre de choses, l'accusé demande à
se rafraîchir; un de messieurs les gens du
roi fait venir deux carafes de limonade qu'ils
boivent ensemble, dit une brochure du temps,
« comme en jouant une partie de dominos. »
Suleau a repris haleine, il continue. A-t-il
demandé la parole ou s'en est-il emparé de
son plein gré? Je ne sais; mais le lieutenant-
criminel est muet, le rapporteur a brouillé
les feuillets de l'acte d'accusation; Suleau
préside, et dirige les débats sans aucune
contradiction. — « Revenons à ma famille;
» j'ai eu une mère, et la bonne femme se
» connaissait bien en hommes; car elle m'a
» toujours prédit que je ne serais qu'un franc
» vaurien, c'est-à-dire *un aristocrate*. J'ai en-
» core tout au moins un père; c'est un brave
» et respectable négociant; au surplus, il vit,
» comme bien d'autres, de ce qu'il mange.
» Je vous accuse sept frères; ne me deman-
» dez pas ce que j'en ai fait; on en avait fourré
» dans tous les coins des séminaires et mo-
» nastères : mais depuis qu'on a fait impi-
» toyablement la chasse aux moines, tout
» cela s'est éparpillé, je ne sais trop où. Je
» ne vous parle point de mes sœurs; car elles
» ne sont pas jolies; mais elles ont, en com-
» pensation, un bon caractère. Des oncles,
» des tantes, des cousins, j'ai de tout cela

» à foison dans cette Picardie ; des amis!
» vous en parlez, Monsieur, bien à votre aise!
» *rara avis in terris.* Le catalogue de mes
» liaisons ? comment l'entendez - vous? J'ai
» toujours été lié, et le suis encore avec de
» très-jolies femmes. Quant au Palais-Royal,
» j'y ai promené quelquefois mon désœuvre-
» ment; mais j'y ai toujours trouvé si mau-
» vaise compagnie que cela m'en a dégoûté
» pour longtemps. »

La séance levée, Suleau demande avec in-
stance à connaître le nom de ses dénoncia-
teurs. « — Vous n'en avez pas d'autres, » lui
répond-on, « que le comité des recherches. »
(1) — « Puisqu'il faut, reprend-il, que j'aie tou-
» jours affaire à des comités, que n'est-ce,
» du moins, à celui des subsistances ! je ne
» serais pas exposé à mourir d'inanition. M.
» le rapporteur, on ne s'occupe pas de mes
» besoins : on croit donc qu'un *aristocrate*
» est un chérubin, que cela ne mange pas?
» Cependant, sous tous les rapports, mes be-
» soins physiques sont très-étendus. Je prie
» M. le rapporteur d'examiner à loisir si
» c'est au roi ou à la nation d'y pourvoir.

---

(1) Le comité des recherches de la commune
de Paris avait été établi le 23 octobre 1789.

» Cela est vraiment problématique ; dans tous
» les cas, je demande une provision alimen-
» taire, aux dépens de qui il appartiendra.
» J'observe aussi que l'on ne m'a pas mieux
» fait les honneurs de l'hospitalité sur l'arti-
» cle du logement. Nous sommes trois dans
» une chambre, entassés comme des harengs
» en caque ; et si l'on ne prend pas le parti
» de chasser plusieurs de nos messieurs, il
» faut, par convenance, se presser d'en faire
» pendre quelques-uns pour déblayer la pla-
» ce. » — « Ce petit accident pourrait arriver
» plus tôt que vous ne l'imaginez ! » dit le
rapporteur pris à son tour d'un accès de
gaîté. — « Je vous jure, Monsieur, repart
» l'accusé, que je ne négligerai rien pour
» mériter la préférence. »

Ce dernier trait ne semble plus qu'une bra-
vade ; car la présence d'esprit et l'intrépidité
de l'accusé ont déconcerté la sévérité du tribunal, surpris que ce procès criminel se
change en cause grasse. Néanmoins tout
n'était pas fini, et l'on voit pourquoi nous
avons entamé cette étude *in medias res ;* la
rigueur de l'histoire s'accommoderait mal
d'une telle méthode ; mais le portrait y gagne
en sincérité comme en éclat. Maintenant, il
nous faut retourner en arrière.

Suleau, ainsi qu'on l'a vu, revenait en

France prendre l'agrément du roi pour u. .
place de sénéchal à la Guadeloupe; son séjour à Paris ne devait être que momentané,
en sorte qu'il n'était pourvu que de l'argent
strictement nécessaire aux frais du voyage.
« On se doute bien , nous apprend-il (1) , que
» je ne tardai pas à me mêler dans la bagarre
» et à prendre une part active à leurs san-
» glantes *polissonneries.* » Ce mot, que je
souligne, parce qu'il effarouche la pruderie
moderne et qu'il revient souvent sous la plume de Suleau , je ne pouvais le négliger ni le
laisser passer sans un court commentaire. La
« polissonnerie », puisqu'il faut le répéter,
est un des traits du caractère national par lequel la révolution française se lie au liberti-
nage littéraire du XVIIIe siècle. Il caractérise
les enfants de Voltaire par opposition à la
sensiblerie puritaine dont se parent les disci-
ples de Rousseau. Suleau et Camille Desmoulins (un polisson de génie, a dit M. Michelet),
tous deux camarades de collége, étaient tous
deux Voltairiens. Les écrits de ces deux adversaires, qui ne purent jamais se haïr, comme
on le verra par la suite de ce récit, portent la
même empreinte d'indiscipline morale; on

(1) *Journal de M. Suleau.*

y trouve le même scepticisme, la même intempérance, le même dédain des convenances du langage; mais quelle différence dans le fond des idées, comme dans les procédés de l'écrivain!

Si le style de Camille dépasse de beaucoup en force, en science, en clarté celui de son condisciple, Suleau compense cette infériorité par l'élévation des vues, la chaleur des sentiments et la noblesse de l'âme. Combien la cruauté frivole de Camille paraît plus odieuse et méprisable encore, quand on lui oppose les élans chevaleresques de Suleau, tout brillant de ce courage personnel dont Camille était dépourvu! Faut-il le dire? dans les crudités de leur muse peu chaste, l'avantage reste encore à Suleau, dont les écarts sont ceux, non d'un esprit grossièrement impudique, mais de la fougueuse imagination d'un jeune homme gâté par l'inépuisable abondance de ses bonnes fortunes, et qui laisse percer dans ses écrits la fatuité ingénue de Faublas, assaisonnée du sel de Beaumarchais.

Placez une pareille organisation dans le cadre que l'histoire lui donne, c'est-à-dire au milieu d'événements prodigieux, en pleine effervescence sociale, que deviendra cet homme dont la tête est une bouteille de vin de

Champagne? Il éclatera, il tonnera, il pétil-
lera, se dissipera en gaz dans l'atmosphère
jusqu'à ce que le vin soit tari ou que la bouteille soit brisée. Telle fut la vie de Suleau.

Revenu à Paris au mois d'août 1789, il prit
à peine le temps d'étudier la trame croisée
des intrigues politiques, et se jeta, tête bais-
sée, dans l'arène. Il dirigea d'abord une brochure contre la tyrannie que s'arrogeaient les
districts (1). Un mois après, il publia un
opuscule de plus haute portée sous le titre
d'*Un petit mot à Louis XVI sur les crimes de
ses vertus*. Suleau n'était inconnu ni à la cour,
ni à la ville. Paris et Versailles avaient re-
tenti de ses amours, de ses prodigalités et
de ses duels. Fils de bourgeois et comptant
(il s'en vante quelque part) seize quartiers
de roture, il appartenait par ses talents, par
ses goûts, par le charme de sa personne, à
l'aristocratie de fait, qui, bien avant l'explosion de 1789, se substituait naturellement à
l'aristocratie de race (2). Il y avait en lui quel-

-----

(1) *Lettre d'un citoyen à MM. les présidents
et commissaires de son district.*

(2) Ceci n'est pas une induction, mais un fait.
Sur 164 officiers promus au grade de maréchal
de camp le 1ᵉʳ janvier 1784, on comptait envi-

que chose des raffinés d'honneurs du temps
de Louis XIII. Il le savait et cultivait soigneu-
sement ses instincts de bravoure et de galan-
terie. Il se fût volontiers modelé sur Lauzun.
Et pourquoi pas ? Le fils d'un bourgeois pouvait être Lauzun dans un temps où le fils de
Lauzun abdiquait démocratiquement ce nom
difficile à porter. Mais en ce dix-huitième siècle, affublé de littérature et de philosophie,
Lauzun eût joint à la gloire d'aller à la Bastille pour les beaux yeux de la grande Made-
moiselle , celle d'y retourner pour quelque
bon pamphlet contre le roi, si tout le monde
eût été pour le roi ; contre le peuple , si tout
le monde eût été pour le peuple. Suleau le
sentit et compléta son idéal en accouplant à
la brette du « freluquet » la plume du pamphlétaire. Il eut un grand succès. Son royalisme ne se montra pas d'abord inconciliable
avec les idées nouvellement reçues. Il médit
agréablement des « chaînes de la féodalité »
et déploie envers la cour une sévérité voisine
de la rudesse. Il sacrifie les ministres en général , j'entends ceux qui ont servi la monar-

---

ron 60 roturiers, plus du tiers de la promotion.
(Voir l'*Almanach royal* de 1785 et années suivantes.)

chie dans le passé, aux ministres du jour, M.
Necker , M. de Saint-Priest, M. de Montmorin.
S'agit-il des premiers, « ineptes ou fripons,
» automates ou brouillons, passifs ou intri-
» gants, voilà, à peu d'exceptions près, les
» ministres, depuis l'invention des sociétés
» et l'établissement des bastilles. » S'agit-il
de leurs successeurs populaires : « Nous ne
» devons que des éloges et des sentiments de
» gratitude à ceux qui nous régissent aujour-
» d'hui. » Rien n'égale son admiration pour
M. de Lafayette.

« Il avait déjà brisé les fers d'un grand peuple,
» à l'âge où le commun des hommes est encore es-
» clave des préjugés de l'enfance et de l'éduca-
» tion scolastique. Il semble n'avoir été combat-
» tre la tyrannie sous l'autre hémisphère que
» pour s'essayer à cette lutte héroïque et prépa-
» rer la liberté de sa patrie. Brave et sublime La-
» fayette! homme qui fais honneur à l'homme,
» tu ne dédaigneras pas ce tribut de la vénération
» et de la reconnaissance du dernier de tes con-
» citoyens! Qu'importe son obscurité, si son hom-
» mage est pur et religieux, et n'est-ce pas en
» quelque sorte s'associer à tes talents et à tes
» vertus que d'en sentir tout le prix ? »

Quelque banal qu'il soit, enregistrons avec
soin cet éloge, dont le souvenir fournira un
contraste piquant à l'esprit du lecteur alors

que Suleau lui démontrera comme quoi M. Lafayette ne peut pas, dans les décrets de la divine Providence, manquer d'être pendu.

Entre *la lettre d'un citoyen* et *le petit mot à Louis XVI sur les crimes de ses vertus*, il se fit une révolution dans les idées de Suleau, comme il s'en était faite une dans la rue. Les journées d'octobre l'éloignèrent des idées nouvelles et le ramenèrent à l'autorité royale, qui dès lors n'aura pas de plus chaud défenseur. Suleau explique assez bien cette transformation nécessaire.

« Tout ce que je pus démêler au premier coup
» d'œil, c'est que les opprimés étaient devenus
» les oppresseurs, et qu'ils abusaient de leurs
» prospérités avec toute l'insolence de nouveaux
» parvenus : je prévis aussitôt que leurs comités
» de recherches feraient regretter la chute de la
» Bastille.... Je débutai sur la scène politique
» par quelques écrits chauds et forts de raison,
» mais rédigés d'ailleurs dans un esprit assez
» modéré. Avant d'adopter une allure décidée, je
» voulais sonder le terrain sur lequel j'avais à
» faire route. On vint à moi, et bientôt je fus
» initié à tous les mystères. La scélératesse des
» agents et l'atrocité de leurs moyens ne m'inspi-
» rèrent qu'horreur et dégoût, et me firent pré-
» sager que le dénoûment de la catastrophe se-
» rait également honteux et funeste, si l'on se
» contentait de parler modestement le langage

» des principes à des forcenés qui avaient l'hy-
» pocrisie de les afficher tous sans en avoir au-
» cun. C'est alors que je pris une physionomie
» prononcée et que je conseillai hardiment à tous
» les honnêtes gens de résister avec une grande
» énergie.... »

Energie ! voilà la devise de Suleau ; il y
sera fidèle jusqu'à la mort. Il en demande au
Roi, il en demande aux princes, il en demande au peuple ; il en demandera plus tard
à ses bourreaux. Nous ne pouvons nous dis-
penser de citer un passage du *Petit mot à
Louis XVI*, aussi enthousiaste de l'autorité
royale qu'irrespectueux pour la personne du
Roi. Ce double trait marque de page en page
toutes les productions de Suleau.

« Si tu connais, s'écrie-t-il, les devoirs sacrés
» de la Royauté, tu t'enseveliras glorieusement
» sous les ruines de ton trône, plutôt que de res-
» ter éternellement chancelant et isolé sur ses
» débris. La crainte de voir renaître les anciens
» et longs abus du pouvoir, fait qu'on te dépouille
» du tien avec acharnement, au lieu de le cir-
» conscrire dans de sages et justes limites. Ce-
» pendant, il te reste encore de loyaux et fi-
» dèles sujets, des patriotes judicieux et éclairés,
» qui sont prêts à prodiguer leur sang pour la
» défense de tes droits et la conservation de tes
» prérogatives. Mais toi, abreuvé d'amertume et
» d'humiliations, tu ne te contentes pas de dé

» vorer en silence les affronts du mépris, les
» insultes de la pitié, les lâches attentats de
» l'audace ; on te voit encore sourire à tes en-
» nemis, caresser tes persécuteurs, et dans l'in-
» digne et sacrilége oubli de ta majesté, baiser
» en tremblant les mains impies qui brisent ton
» diadème. Sors, sors, il en est temps, de cet
» état d'abattement et d'abjection ; ose te secou-
» rir toi-même, et cet essai de vigueur et de
» magnanimité t'enfantera des légions.

» Ce n'est point par de vaines et ridicules mé-
» tamorphoses de panaches, ce n'est point par
» des élans d'ivresse, ce n'est point par des sail-
» lies d'étourderie que tu rallieras sous l'éten-
» dard de l'honneur français, les braves amis de
» la monarchie ; ces honteux et méprisables tâ-
» tonnements ne servent qu'à nourrir le dédain
» pour ta personne, et encourager le mépris de
» ton pouvoir, en décelant ta faiblesse et ton ir-
» résolution. Tu as senti je ne sais quelle envie
» malade et éphémère de secouer tes chaînes,
» et cette velléité aussi impuissante qu'instan-
» tanée, n'a servi qu'à les resserrer et à faire de
» ce palais olympique, monument immortel de
» la puissance et de la splendeur de tes ancêtres,
» le théâtre scandaleux de ta captivité et de ton
» ignominie.

» Ton conseil est tombé en quenouille ; tes
» entours sont alternativement, et toujours à
» contre-temps, insolents et bas, audacieux et
» rampants. Depuis six mois, leurs folles agita-
» tions et leur stupide quiétisme n'ont prouvé,
» tantôt que le délire impertinent de leurs étroits

» cerveaux, tantôt que la timidité et la poltron-
» nerie de leurs petites âmes. N'oseras-tu donc
» jamais vouloir et agir par toi-même ? Descends
» majestueusement au milieu de ton peuple,
» non plus pour confondre humblement tes pleurs
» avec le sang des victimes de sa vengeance,
» mais pour lui signifier avec vigueur que tu es
» fermement décidé à vivre ou mourir en Roi.
» Fais retentir dans tout l'empire cette noble et
» généreuse résolution, et je te promets douze
» cent mille Thessaliens qui ont de l'énergie
» dans leurs volontés et du sang à verser pour
» les faire respecter. Ne sois pas lâchement avare
» du tien, et tout le mien est à toi. N'abdique
» pas ignominieusement ton autorité, et reçois
» le serment que je fais de ne pas lui survivre.
» C'est encore un assez beau triomphe que d'ê-
» tre le premier martyr de la gloire de son roi,
» quand elle se trouve inséparable du salut et
» du bonheur de la patrie. Place-toi sur la limite
» de tes droits, dans une attitude fière et iné-
» branlable, et que Dieu m'abandonne si j'a-
» bandonne mon Roi ! »

Ce langage véhément émut l'opinion ; mais
Suleau, sans attendre les fruits de son succès, était parti pour la Picardie, dans le but
d'embrasser son père qu'il n'avait pas vu
depuis trois ans. Dès qu'il eut épuisé la chaleur des premiers embrassements, son naturel guerroyeur reparut ; et non content de
répandre à flots son *Petit mot à Louis XVI* et

une autre brochure dans le même sens, intitulée *Fidelissimæ Picardorum genti*, il entreprit de convertir à ses idées la municipalité d'Amiens par le procédé qui lui était le plus familier, c'est-à-dire en se moquant d'elle. Il lui soumit un projet d'adresse à l'Assemblée nationale (1), tendant à faire demander par la commune d'Amiens, que le Roi fût reconduit dans son château de Versailles ; qu'il choisît lui-même ses gardes, ou du moins que l'on substituât à la garde parisienne une garde nationale des provinces, et principalement une garde de Picards. Selon ce projet, les circonstances qui avaient provoqué, accompagné et suivi le déplacement du Roi, avaient produit des impressions fâcheuses, qui rendaient impraticable et infructueuse l'œuvre de la régénération politique de la France. Comme à son ordinaire, Suleau avait revêtu de formes plaisantes un fonds d'idées extrêmement sérieux.

---

(1) Nous ne connaissons la teneur de ce projet d'adresse que grâce à l'analyse qu'en fit Loustalot dans les *Révolutions de Paris*, n° 42, p. 228, et d'après quelques passages de l'interrogatoire de Suleau. Cette pièce curieuse a été imprimée dans le temps à Amiens, mais aujourd'hui elle est introuvable.

Ce qu'il proposait n'était rien moins qu'une protestation vigoureuse contre les attentats du 5 et du 6 octobre 1789. Aussi le comité permanent de la municipalité d'Amiens n'y vit point matière à raillerie; il invita Suleau à s'éloigner; Suleau s'en garda bien; on le cita; on exigea qu'il signât son projet d'adresse; ce qu'il fit, en demandant itérativement que ce projet fût communiqué à l'Assemblée nationale. Aussitôt il fut arrêté et enfermé à la citadelle d'Amiens. Le bruit de cette affaire parvint jusqu'à Paris; et comme il était généralement admis que le plan du marquis de Favras consistait à emmener Louis XVI dans une ville du nord, Péronne, par exemple, les feuilles démocrates affectèrent de considérer Suleau comme l'émissaire chargé de soulever la Picardie pour la préparer à recevoir le roi fugitif. Ces bruits, plus ou moins fondés, prirent une telle consistance, que le Châtelet de Paris évoqua l'affaire de Suleau, ce qui valut à celui-ci la disgrâce d'un emprisonnement au secret dans les cachots de la Conciergerie, et une accusation capitale.

Ces détails nous permettent d'aborder maintenant la seconde partie de son interrogatoire. L'accusé avoue avec fierté les écrits qui lui sont imputés, ajoutant qu'il n'a d'autres regrets que d'avoir eu la faiblesse d'y mettre par-ci, par-là un excès de déférence qui tient de la pusillanimité, mais qu'il promettait bien de s'en corriger à l'avenir. Tout à coup des voix s'élèvent dans l'auditoire : — « Nous avons lu ses productions, elles sentent l'aristocratie! » — « Je souhaite bien » sincèrement, s'écrie Suleau en se tournant » vers les interrupteurs, que cette lecture » vous ait profité; vous avez grand besoin » d'instruction! » A une foule de questions qui tendaient à mettre en cause des imprimeurs et beaucoup d'autres honnêtes gens, Suleau répond gravement que toutes ces perquisitions sont inutiles, puisque ses écrits sont signés, qu'il reconnaît sa signature avec orgueil, et pour couper court à ces interrogations oiseuses, il déclare qu'il a l'honneur d'être seul de sa bande. On lui demande à quel district il appartient : « J'ai le malheur » de n'être affilié à aucun district; j'exige que » cette assertion soit littéralement consignée » au procès-verbal, parce qu'il serait trop » pénible pour ma modestie qu'il restât la » moindre incertitude sur ce point. » — » Mais dans votre *lettre d'un citoyen*, vous » affectiez cependant de vous plaindre d'un » certain district que vous ne nommez pas. » — Dans l'écrit dont il est question, je n'ai

» fait que venir au secours d'un M. Lesage;
» comme ce M. Lesage (qui est d'ailleurs le
» meilleur enfant du monde, et même garde
» national) est naturellement un peu ti-
» mide, et pas extrêmement délié, et par
» conséquent ne brillerait pas dans un *inter-*
» *rogatoire à mort* où il faut intéresser les
» honnêtes gens, persiffler les fanatiques et
» encore amuser les neutres, je déclare que
» c'est sans aucune participation dudit Le-
» sage, qu'on l'a vengé de l'avanie qu'il avait
» essuyée; j'entends être exclusivement res-
» ponsable de cet attentat sacrilége à la
» majesté des districts. » — « Comment avez-
» vous pu vous persuader que l'ouvrage par
» vous composé, intitulé *Projet d'adresse à*
» *l'Assemblée nationale*, avec cette épigraphe :
» *Barbarus hic ego sum, quia non intelligor*
» *illis*, pourrait être adopté par la munici-
» palité d'Amiens? » — « Ce projet est plein
» de vues très-sages; elles y sont amplement
» motivées; il ne présente d'ailleurs aucun
» inconvénient; et j'aurais cru alors faire in-
» jure à la municipalité d'Amiens, que de
» prévoir l'accueil qu'elle y a fait. » — « Com-
» ment concilier cette déclaration avec le ton
» de sarcasme et d'ironie qui règne dans cet
» écrit? » — « Je persiste absolument dans
» les opinions politiques que j'y ai consignées,

» et ce n'est pas ma faute si la matière ne
» comporte qu'une certaine dose de ménage-
» ment et de respect. Au surplus, si les sar-
» casmes, les ironies et les calembourgs sont
» dans votre nouveau traité des délits, des
» crimes de lèse-nation, je confesse en toute
» humilité , et pour l'acquit de ma con-
» science, que je ne me sens aucune vocation
» à devenir jamais un patriote édifiant. » —
« Est-il vrai que vous n'ayez proposé, tant à
» la municipalité de Beauvais qu'au comité
» permanent de la ville d'Amiens, le projet
» dont il s'agit, que dans le dessein de leur
» attirer 'de la part de l'Assemblée nationale
» une réponse mortifiante qui aurait favorisé
» vos vues ultérieures? » — « J'étais et je
» reste intimement convaincu de l'heureux
» succès de la tentative que je proposais.
» Mon plan est extraordinairement sage, pro-
» fondément réfléchi, et il n'y a pas de doute
» qu'aussitôt que les fortes têtes des munici-
» palités seront susceptibles de l'examiner
» sans prévention, mon buste ne soit appelé
» à orner les salles de toutes les communes. »
Jusque là, Suleau est parvenu à donner à
tout le débat une tournure plaisante; mais
le rapporteur se pique et veut avoir raison de
l'accusé. Il s'efforce de l'entraîner sur le terrain brûlant de la politique du jour; n'est-il

pas vrai, par exemple, que, dans sa persua-
sion intime, le séjour du roi dans sa capitale
soit une véritable captivité et l'effet d'un acte
de violence exercé contre sa personne? C'é-
tait la révolution du 6 octobre qui, par la
bouche du rapporteur, demandait à Suleau
d'affirmer ou de nier sa légitimité. « Monsieur
» le rapporteur, repond-il laconiquement, je
» ne dois aucun compte de mes opinions secrè-
» tes, mais tout au plus des explications par
» forme de commentaire sur celles que j'ai
» publiées. »

Tout le procès gisait dans ce point délicat ;
aussi le rapporteur revient-il trois fois à la
charge ; et Suleau impatienté met un terme
au débat par la réponse suivante :

« Pour ne pas errer éternellement dans le cer-
» cle indéfini des présomptions, dans la sphère
» illimitée des conjectures, je déclare hautement
» que je n'ai pas une foi bien robuste à la liberté
» même individuelle du roi ; mais personne n'a
» le droit de m'interroger sur les motifs de cette
» opinion, tant que je ne jugerai pas à propos
» de lui faire publiquement des prosélytes. D'ail-
» leurs je suis à peu près convaincu qu'il serait
» souverainement impolitique et même désas-
» treux de corriger aujourd'hui cette grande irré-
» gularité, puisqu'il faudrait puiser le remède
» dans des moyens brusques et violents qui ré-
» pugnent à ma douce aristocratie. La position

» du roi est devenue un mal nécessaire ; c'est le
» triste résultat d'une infinité de combinaisons,
» les unes fortuites, les autres préméditées, mais
» toutes si impératives que les vrais patriotes
» n'ont pu les prévoir, ni les prévenir. Voilà
» ma profession de foi politique, que je fais non
» pas à ce public, à qui je ne dois compte que de
» mes actions, mais à vous, monsieur le rappor-
» teur, à l'estime et au suffrage de qui j'attache
» une grande importance. »

Ainsi tantôt sérieux, tantôt enjoué, impertinent et insinuant tour à tour, spirituel toujours, éloquent par éclairs, Suleau soutint pendant huit jours le fardeau de cette longue et pénible défense, sans qu'on lui arrachât aucun aveu sur un point auquel l'accusation attachait un grand intérêt, je veux parler de la brochure anonyme *Fidelissimæ Picardorum genti*. Suleau affirma qu'il ne l'avait point faite, qu'il en connaissait l'auteur et qu'il ne le nommerait pas. Le rapporteur, désappointé, obtint du tribunal qu'une commission rogatoire fût envoyée à Amiens dans le but d'établir par témoins que Suleau était le véritable auteur de la terrible brochure. La commission ne mit pas moins de deux mois à accomplir sa mission.

Pendant ce temps, Suleau, toujours détenu, lançait du fond de sa prison une foule

de plaisanteries sur ses adversaires. C'est d'a-
bord son interrogatoire qu'il publie précédé
de ce curieux avertissement : « *Avis à la belle*
« *jeunesse. M. Suleau a ouvert, au Châtelet,*
» *un cours complet d'aristocratie.* IL ENSEIGNE :
» l'art d'émoustiller une province, en esqui-
» vant le soubresaut à la Favras. — La ma-
» nière d'escamoter une armée si adroite-
» ment, qu'un comité des recherches n'en
» trouve pas même la piste. » (Suleau prétend que le rapporteur avait manifesté son
étonnement de ne pas trouver les douze cent
mille Thessaliens dont il est question dans
le *Petit mot à Louis XVI*, parmi les pièces
de conviction.) — « Une multitude d'expé-
» dients pour violer impunément un inviola-
» ble brigand. — La recette d'une poudre
» sternutatoire qui a la propriété de perfec-
» tionner l'odorat à tel point, qu'on évente
» à toutes distances un *jacobiste* (1) à son fu-
» met. — Le moyen de papillonner autour
» de toutes les lanternes de la capitale et des
» provinces, sans être jamais fixé par leur
» vertu attractive, qui donne une esquina-
» nie jugulatoire à tous ceux qui se trouvent
» forcés de faire une station dans leur at-

---

(1) On ne disait pas encore *jacobin.*

» mosphère apoplectique. — Le traité mé-
» thodique d'une bonne contre-révolution.
» — Enfin , nombre d'autres secrets tout
» aussi précieux , et qui doivent composer
» désormais l'éducation d'un paladin fran-
» çais. — Toutes les épreuves qui ne de-
» mandent que de la patience et de la flexi-
» bilité se feront dans l'appartement de M.
» de Bézenval , qui n'a été concédé à M. Su-
» leau que pour ses opérations sourdes et
» paisibles ; c'est pourquoi il vient de pren-
» dre à bail les deux chambres de M. de Fa-
» vras pour tous les exercices qui exigent
» des évolutions compliquées, bruyantes et
» des coups de théâtre. On n'entre que par
» billets ; mais les *banquiers* , et spécialement
» les *recruteurs* ne sont pas reçus, même en
» payant. »

C'est dans le même temps qu'il composa sa *Lettre à M. l'évêque d'Autun et compagnie , auteurs de l'adresse aux provinces* , véritable modèle du pamphlet politique, où le sarcasme s'aiguise par la retenue, où l'esprit, contenu par une politesse âcre et fine, brille de mille feux. Suleau n'a rien fait de si achevé ; et de fait., il ne retrouva pas d'occasion aussi favorable que trois mois de détention au Châtelet de Paris, pour polir son style , affiler le tranchant de ses épigrammes

et mettre un mors à sa verve trop souvent
effrénée.

« C'est vous, Monseigneur, dit-il à M. de Tal-
» leyrand, qui avez délié les députés du serment
» qu'ils avaient prêté à leurs commettants, et
» qui retardait la marche de l'auguste Assemblée
» qui nous régénère comme Médée régénérait
» Æson. En vain des hommes légers ont osé dire
» que vous aviez pris cette promesse solennelle
» pour le vœu de chasteté ; les sages, les vrais
» patriotes ont senti qu'il n'y avait que la voix
» d'un ministre des autels, d'un prélat tel que
» vous, qui pût rassurer les consciences timides,
» et leur apprendre à mépriser la religion du
» serment ; qu'il ne fallait rien moins qu'un apô-
» tre infidèle à son maître pour lever les scru-
» pules des faibles Israélites. Ce coup d'essai an-
» nonçait un grand homme, et vous avez sou-
» tenu cette réputation naissante, en proposant
» de vendre les biens ecclésiastiques ; vous avez
» préféré, avec raison, les intérêts des créan-
» ciers de l'Etat aux intérêts de l'Eglise même.
» En trahissant ainsi la cause que vous aviez pro-
» mis de défendre, vous avez donné aux Fran-
» çais l'exemple d'abjurer cet esprit de corps,
» dont nos imbéciles ancêtres avaient fait une
» vertu.
» On vous vit bientôt après reparaître à la tri-
» bune avec de nouvelles maximes, ne regar-
» dant plus les capitalistes que comme de mé-
» prisables agioteurs ; vous proposâtes ce su-

» blime projet (1) qui nous conduisait directe-
» ment à la banqueroute ; vous essuyâtes , il est
» vrai , les huées si communes dans l'Assemblée
» nationale ; mais vous écoutâtes avec mépris ces
» vaines clameurs ; fidèle au traité que vous
» aviez fait avec votre associé , les applaudisse-
» ments devaient être pour lui ; vous les lui mé-
» nageâtes en vous dévouant aux sifflets ; mais
» le profit devait être partagé en commun , et
» votre modestie n'en exigeait pas davantage.

» ..... On dit qu'une assemblée nationale qui
» fait imprimer une justification de sa conduite ,
» ressemble à un paladin qui jette le gant ; tout
» chevalier a droit de le relever. On ajoute
» qu'il est trop aisé de vous combattre, pour que
» vingt athlètes ne s'élancent pas dans la carrière.
» Toute votre finesse consiste, dit-on, à passer
» sous silence les principales accusations qu'on
» porte contre l'assemblée que vous défendez. Et
» réellement la liste des reproches qu'on ose lui
» faire est effrayante. Des hommes, mal inten-
» tionnés sans doute , assurent qu'il est odieux
» que les représentants de la nation française
» souffrent , avec indifférence , que le meilleur
» des rois , qu'un prince adoré de ses sujets , soit
» prisonnier sous leurs yeux. Je ne sais pour-
» quoi vous n'avez pas répondu à cette impu-

----

(1) Dans la séance du 5 décembre 1789 , l'évêque d'Autun avait réfuté une partie du plan de
finances conçu par M. Necker, et proposé une série de mesures qui ne furent point adoptées.

» tation ; il était si aisé de vous en justifier ! Com-
» ment peut-on dire que Louis XVI est en pri-
» son, quand on le voit tous les jours se promener
» dans son jardin ? N'est-il pas certain que M.
» Bailly a été lui dire, avec son éloquence ordi-
» naire, qu'il y avait beaucoup de choses curieu-
» ses dans Paris, et qu'il devrait s'amuser à aller
» les voir ?

» Il est vrai qu'on pourrait répliquer qu'un roi
» est en captivité quand il est gardé par des trou-
» pes dont il n'a pas nommé les officiers ; par
» des soldats qui ont été l'enlever de son châ-
» teau ; quand ses gardes ne sont pas à ses ordres,
» mais à ceux de ses geôliers. On vous dirait en-
» core que toute l'Europe est convaincue que le
» roi n'est pas libre, que c'est ainsi qu'on en a
» parlé au parlement d'Angleterre ; mais quelque
» fortes que fussent ces objections, vous ou vo-
» tre faiseur d'adresses avez trop d'esprit pour n'y
» pas répondre sans peine ; ne suffit-il pas que
» le roi ait dit qu'il était libre pour qu'on doive
» l'en croire sur parole ? »

Suit l'énumération d'une énorme quantité
de griefs contre l'Assemblée nationale, après
quoi Suleau reprend ainsi le cours de son
apostrophe :

« Tels sont les reproches qu'on vous a fait pu-
» bliquement et dont vous n'avez seulement pas
» essayé de vous justifier. Pourquoi cette négli-
» gence, Monseigneur ? Pourquoi du moins ne pas

» opposer à ces reproches l'énumération des vé-
» ritables services que vous avez rendus? Ne
» vous êtes-vous pas acquitté de tout ce que vous
» deviez au roi en le nommant *Restaurateur?*
» Les habitants de Paris ne sont-ils pas assez dé-
» dommagés des pertes qu'ils essuieront, par le
» plaisir de porter des cocardes, par l'instruc-
» tion et l'amusement que vous procurez aux
» galeries? Vos assidus spectateurs, formés à la
» plus savante école de l'univers, seront tous
» capables d'être administrateurs. Paris n'en-
» voyait autrefois chez l'étranger que des cuisi-
» niers et des coiffeurs; nous exporterons désor-
» mais des ministres d'Etat, et qui plus est, des
» régénérateurs ; nous en fournirons, grâce à
» vous, l'univers entier.

» Si vous avez ruiné les provinces maritimes,
» quel service ne leur avez-vous pas rendu en
» détruisant cette vieille rouille des préjugés dont
» elles étaient encroûtées , en déclarant enfin
» qu'un Montmorency, un comédien, un juif,
» un bourreau sont tous citoyens actifs, et par
» conséquent égaux en droits?

» Et d'ailleurs, si notre commerce est anéanti,
» celui de nos voisins s'accroîtra d'autant, et
» dans le système de la philosophie moderne,
» dans les principes philanthropiques, tout cela
» se compense; il n'y a point de bonheur perdu
» pour l'humanité; il n'y a que du bonheur dé-
» placé.

» Tâchez donc, Monseigneur, de nous donner
» un supplément à votre adresse, et commandez-
» le au même faiseur, afin de soutenir le style

» académique qui fait infiniment d'honneur à
» votre assemblée. »

On voit que Suleau avait la prison gaie;__
s'il faut en croire les bruits contemporains,
les hôtes du Châtelet menaient joyeuse vie;
la bonne chère, les vins exquis ne leur man-
quaient pas plus que les mystérieuses consolations de l'amour. En trois mois de captivité, Suleau se lia intimement avec le baron
de Bezenval, à qui la protection avouée de
la cour, non moins que ses brillantes qualités personnelles, méritait de fréquentes et
charmantes visites. Indépendamment de ces
pèlerinages inspirés par les plus tendres ami-
tiés, nos prisonniers n'avaient point à redou-
ter les ennuis de la solitude. Grâce au comité
de recherches et aux municipalités, le Châtelet était littéralement encombré. Que la compagnie fût choisie, je ne sais; mais elle était
nombreuse. Les honnêtes gens, tels que M.
de Comeiras, M. Augeard, fermier général
et secrétaire des commandements de la reine;
M. de Launay, gentilhomme breton, etc,
coudoyaient, de par l'égalité forcée d'une
maison d'arrêt, des intrigants tels que l'abbé
Douglas, le recruteur Delcrot, et des crimi-
nels de bas étage, tels que les frères Agasse,
qui avaient fabriqué de fausses actions de la

Compagnie des Indes. Suleau était la joie, la consolation, la gaîté vivante de tous ces détenus à qui l'avenir n'offrait que des teintes rembrunies. Il avait pris le titre pompeusement ironique de Prévôt de l'Hôtel, et tout nouveau venu lui faisait demander la faveur de lui rendre visite. Un jour (27 février 1790) on amena sous bonne garde un certain chevalier de Laizer, capitaine aux ci-devant gardes françaises, qui ne pouvant se consoler d'être arrivé trop tard pour contribuer à prendre la Bastille, aurait eu le tort, prétendaient ses accusateurs, d'exhaler les regrets de sa démocratie déçue dans un pamphlet intitulé : *Protestation de MM. de Lafayette, Malouet et Clermont-Tonnerre.* Le chevalier demanda par écrit à Suleau l'honneur d'être admis à lui faire sa cour. Par malheur le style et l'orthographe du placet étaient fort négligés. Suleau voyant entrer le prétendu libelliste, se mit à rire et lui dit : « On
» vous impute donc, Monsieur, une brochure
» bien tapée? Hélas ! vous êtes, de tous
» points, et j'en ai la preuve à la main, le
» plus grand innocent que je connaisse. Tenez,
» reprenez votre billet, faites-en tirer une
» copie littéralement fidèle; allez la déposer
» au greffe, bien et dûment collationnée,
» c'est le plus fort argument que je puisse

» vous suggérer contre l'accusation dont on
» vous honore. Au demeurant, Monsieur,
» prenez un siége et répondez-moi. D'où ve-
» nez-vous? qui êtes-vous? » — Mais je suis
» le cousin de M. de Lafayette. — « Ah ! Mon-
» sieur, que me dites-vous là ! Vous êtes
» perdu (je remplace un mot plus énergi-
» que)... Votre parent n'a plus besoin, pour
» devenir connétable, que d'avoir un pendu
» dans sa famille! »

La haine de Suleau contre M. de Lafayette
s'est donc allumée bien subitement? A l'en
croire, il aurait reçu à plusieurs reprises,
de la part du commandant général, des ou-
vertures qui choquèrent vivement ses sentiments ardents de royalisme. M. de Lafayette
ne cachait pas avec beaucoup de soin son
peu d'attachement aux institutions monarchi-
ques (1); et Suleau, dans son zèle efferves-

---

(1) Mémoires de M. de Lafayette, t. iii, p. 205,
212 et *passim*. « D'après les inclinations républicai-
» nes que vous me connaissez, disait-il souvent à
» ses amis, je ne suis pas suspect pour la royauté. »
— « S'il faut choisir entre le peuple et le roi,
» disait-il à Louis XVI, vous savez bien que je
» serai contre vous. » — « Vous savez, lui disait-
» il encore, que je suis naturellement républi-
» cain. » — Une autre fois, parlant à la reine :

cent, put s'y tromper et prendre pour une hostilité active l'expression d'un sentiment personnel que Lafayette accommodait tant bien que mal aux devoirs que lui créait la constitution nouvellement établie. Je m'imagine aussi que les rapports qui s'établirent, j'allais dire qui se continuèrent, entre Suleau et le marquis de Favras dans leur commune prison contribuèrent sensiblement à affaiblir les sentiments d'estime qu'il avait voués jusqu'alors au commandant général. Il y avait un mois déjà que Suleau était enfermé au Châtelet, lorsque le malheureux Favras subit le dernier supplice. Ainsi, il fut en situation de suivre jour par jour les douloureuses péripéties de cette tragédie énigmatique, et de là sans doute date la répugnance secrète dont il ne put désormais se défendre envers M. de Lafayette, qui joua dans cette affaire un rôle qui n'a jamais été bien défini. Il est même certain qu'au mo-

---

« Vous devez avoir, Madame, dit-il, d'autant plus
» de confiance en moi que je n'ai aucune super-
» stition royaliste ; si je croyais que la destruction
» de la royauté fût utile à mon pays, je ne ba-
» lancerais pas, car ce qu'on appelle les droits
» d'une famille au trône n'existent pas pour
» moi. »

ment où le bourreau vint dans sa prison se saisir de sa proie, Suleau serra la main de M. de Favras, et lui dit : « Mourez en paix, » je vous vengerai ! »

L'exécution des frères Agasse, qui furent pendus en Grève, avait précédé de dix jours celle du marquis de Favras.

Ces incidents tragiques troublaient à peine l'étonnante bonne humeur de Suleau, dont les facultés éminentes tendaient à l'action plutôt qu'à la rêverie. Le jour de Pâques (4 avril 1790) était arrivé ; il le célèbre à sa manière, et témoigne avec une ardeur qui pourrait bien n'être qu'une irrévérencieuse grimace, le désir de remplir ses devoirs religieux. « Où est le règlement, s'écrie-t-il, qui » défende aux prisonniers de faire leurs pâ- » ques? Le roi de France vient bien de faire » les siennes ! » Et là dessus, l'infatigable railleur invoque l'assistance spirituelle de M. le curé de Saint-Germain-l'Auxerrois.

« Oui, Monsieur, écrit-il à cet ecclésiastique, » il y a tout à l'heure cinq mois que je suis sevré » de toutes les consolations de la religion. Pas le » plus petit devoir de piété, pas la moindre pra- » tique de dévotion. Quelle affreuse position! quel » raffinement de barbarie! Comme si ce n'était » pas assez d'être *lanterné* dans ce monde-ci, » sans être encore damné dans l'autre ! Hélas! je

» n'ai pas même la ressource de me sanctifier en
» rachetant mes fredaines par des jeûnes et des
» macérations. Tous les jours, sans en excepter
» ceux même de vigiles, je suis forcé, par auto-
« rité de justice, à me restaurer d'une livre et
» demie d'un pain solide et savoureux (de ce
» beau pain que M. Necker a fait venir à grands
» frais des pays étrangers) et à m'enivrer d'une
» grande pinte d'eau, mesure de Saint-Denis,
» où souvent, pour mettre le comble à cette vo-
» luptueuse abondance, l'on trouve tout à la
» fois à boire et encore à manger. C'est ainsi que
» l'on m'envoie jusqu'aux expiations salutaires
» d'une bonne pénitence : et comme si ce n'était
» pas assez pour assurer ma damnation éternelle
» que de me faire couler le jour dans toutes les
» délices d'un fieffé épicurien, il faut encore que
» je goûte le soir, dans mon lit, la jouissance du
» sybarite le plus recherché; je veux dire que
» jamais mes matelas n'ont fait un pli. »

Le lecteur ne prendra pas ces plaintes au
pied de la lettre ; on pense bien que ce fieffé
épicurien laissait aux plus pauvres diables
le régime ordinaire de la prison, toujours
complaisante pour un aristocrate qui jetait
l'or par les fenêtres.

Mais pourquoi cette longue épître au curé
de Saint-Germain-l'Auxerrois ? On devine
que ce n'est qu'un prétexte à moqueries :
Suleau, dans sa thèse burlesque, prétend

que M. l'abbé Fauchet lui a refusé son ministère , parce que « *ce sont les aristocrates qui
» ont crucifié Jésus-Christ ;* » que M. l'abbé
Mulot a décliné l'honneur de diriger sa conscience, parce que, « depuis qu'il avait en
» poche un bon brevet d'aumônier en chef
» de la milice parisienne, il s'était, par re-
» connaissance et aussi par politique, imposé
» la loi de refuser les secours de son minis-
» tère à tout ce qui ne serait point affublé
» d'un uniforme national. » Enfin , il requiert
les soins de Mgr l'évêque d'Autun , dont la
réponse , par trop gaillarde , ne saurait être
reproduite ici. Les curieux qui liront *les Pâques de M. Suleau* , l'y trouveront toute entière; d'ailleurs , l'épître fût-elle écrite en
termes plus honnêtes , nous l'écarterions encore par respect pour une femme célèbre ,
dont le génie littéraire a fait oublier les éga-
rements.

« Pourquoi me refuseriez-vous , M. le curé ?
» s'écrie-t-il en terminant ; vous ne pourriez
» excuser votre malveillance par une seule au-
» torité. Et, en effet, si je consulte le grimoire ,
» je ne vois que les condamnés au dernier sup-
» plice à qui la loi refuse le corps sacré de notre
» commun rédempteur ; or, je n'en suis pas en-
» core au fatal dénoûment.

» .... Je n'y suis pas encore ,
» Et qui m'y conduira pourra bien s'égarer.

» En vain l'auguste Comité des Recherches
» a-t-il remué à grands frais toute la Picardie
» pour y réveiller le patriotisme ; on ne trouve
» point partout des Morel et des Turcati (1) ; les
» gens de ce mérite ne vont point s'ensevelir
» dans la province , et leur magnanimité y a fait
» plus d'admirateurs que d'émules. Au reste ,
» quel que soit le résultat de cette magnifique
» information , ce ne sera pas le dernier acte de
» ma tragédie ; car les juges de Favras ont pro-
» mis à leur honneur et à leur conscience *de ne*
» *plus refuser d'entendre les témoins justifica-*
» *tifs* , quelque violence qu'on leur fasse , et
» dussent-ils être jugés à leur tour par les ma-
» gistrats du faubourg Saint-Antoine. D'après
» cette courageuse résolution , je suis en mesure
» de leur disputer ma tête ; et encore une fois,
» tant qu'elle ne sera pas légalement proscrite ,
» je conserve mes droits à tous les trésors spiri-
» tuels de l'Eglise. »

Enfin , la commission rogatoire revint d'A-
miens ; elle ne parvint à produire qu'une
information de dix-sept témoins, dont aucun
n'établit que Suleau eût écrit la brochure
incriminée ; et pour donner à leur compa-
triote une preuve frappante de leur estime,
les Picards l'élurent maire de Granvilliers ;

____

(1) C'est le nom des espions qui trahirent M. de
Favras.

mais il refusa (1). Le Châtelet, ne se tenant pas pour battu, prononça seulement l'élargissement provisoire de Suleau, à la charge de se présenter quand il en serait requis. C'était ce qu'on appelait mettre un citoyen en état d'ajournement personnel ; et jusqu'à la solution définitive de l'affaire, l'inculpé demeurait frappé d'une sorte de suspension de tous ses droits, équivalent à une mort civile temporaire. En dédaignant l'écharpe municipale que lui offraient les Picards, Suleau avait suffisamment témoigné de son indifférence pour les droits civiques; il goûta donc sans amertume toutes les joies de la délivrance.

Sa captivité lui avait donné mille amis nouveaux, et le voilà plus applaudi, plus fêté que jamais, plus batailleur aussi, plus prêt à la rodomontade, et presque illustre.

Mis en liberté le 7 avril, Suleau respire à pleins poumons; il va donc mener plus vivement sa guerre contre les institutions constitutionnelles et contre les ennemis du trône. Sa verve qui déborde s'épanche dans tous les journaux où l'aristocratie se défend avec la

______

(1) Il paraît que M. Suleau père fut élu à sa place.

seule arme privilégiée qu'on n'ait pu lui enlever : le courage et l'esprit. En feuilletant les principaux écrits satiriques que vit éclore l'année 1790 , *l'Apocalypse* , *le Martyrologe national*, etc. , on reconnaît facilement à sa marche alerte et vigoureuse, la plume de Suleau. C'est surtout dans le volumineux recueil des *Actes des Apôtres* , que sa collaboration désintéressée a laissé les traces les plus durables. L'espèce de journal qui porte ce titre célèbre, avait été fondé au mois de novembre 1789 , par un négociant appelé Peltier , connu par quelques brochures politiques très-médiocres et très-persécutées. Les plus spirituels d'entre les royalistes , le vicomte de Mirabeau , Champcenetz , Rivarol, le marquis de Bonnay, le comte de Tilly, Servan , etc. , travaillèrent assidûment à cette satire quotidienne , qui obtint un immense succès. De plus amples détails sur ce sujet ne pourraient trouver place que dans une étude particulière; mais il en fallait dire un mot ici, à cause des relations suivies qui s'établirent entre Peltier et Suleau, et qui firent bientôt du jeune publiciste un des rédacteurs les plus assidus de la feuille royaliste.

C'est dans le n° 102 des *Actes des Apôtres* que le nom de Suleau paraît pour la première fois : voici à quelle occasion.

Telle était la sympathie que Suleau, par son caractère éminemment français, inspirait même à ses adversaires, que Loustalot le félicita de sa délivrance dans les *Révolutions de Paris* (1) en termes courtois et presque affectueux. Suleau se sentit blessé des compliments d'un écrivain qu'il n'estimait pas (2) et les lui renvoya très durement par une lettre (*Actes des Apôtres*, n° 102) qui se termine ainsi :

---

(1) N° XLII.

(2) Suleau, frappé des talents véritablement remarquables de Loustalot et le supposant de bonne foi, le présenta au garde des sceaux comme un sujet de quelque mérite « qui n'avait besoin que » d'être catéchisé pour devenir orthodoxe. « L'écrivain royaliste espérait que le grand esprit et les manières séduisantes de l'archevêque de Bordeaux produiraient sur Loustalot une impression profonde. Mais au sortir de la chancellerie, le rédacteur des *Révolutions* prit Suleau par le bras et lui dit naïvement : « Monsieur Suleau, il n'y a que » de l'eau à boire avec tous ces gens-là : au fait, » si la cour ne vous a pas assuré mille louis de » pension, vous faites un métier de dupe ; alors » c'est à moi, à qui vous voulez du bien, à être » votre patron. Venez aux Jacobins, et je vous » réponds que vous serez accueilli avec bien de » la joie par notre directoire. » (*Réveil de M. Suleau*, p. 47 et suiv.)

« Cette digression me conduit tout naturelle-
» ment à vous apprendre que je mets au nombre
» de mes sensualités la lecture de votre journal,
» et ce goût là ne m'est pas particulier, car il est
» de par le monde beaucoup d'honnêtes gens qui
» trouvent vos productions très-piquantes. Ce
» n'est pas que si quelque jour je devenais af-
» famé d'argent et de célébrité, je puisse jamais
» être tenté de me procurer ces choses-là au
» même prix et par les mêmes moyens; mais je
» sens bien que votre manière de dire est bien
» plus une affaire de spéculation qu'une convic-
» tion de principes; c'est pourquoi l'antipathie
» que l'on me connaît pour les opinions que vous
» affichez n'empêche pas que je ne puisse faire
» profession d'être avec une considération tout à
» fait distinguée et une sorte d'admiration, Mon-
» sieur, votre très-humble et très-obéissant ser-
» viteur.

Suleau. »

Il va donner bien d'autres preuves de son humeur goguenarde et de ce courage prati-que, malheureusement bien rare chez ceux-là même qui dans leurs écrits poussent la hardiesse jusqu'à la plus aveugle témérité. Les factions inondaient Paris de libelles où la famille royale et particulièrement la reine se voyaient en butte aux plus atroces calomnies. Suleau s'imagina qu'il ne suffisait pas de pro-tester avec sa plume; mais, suivant l'exem-

ple de l'abbé Maury, qui plus d'une fois avait corrigé de sa main pastorale les insolents qui le diffamaient, Suleau entreprit de faire la chasse à tous les pamphlets offensants pour la majesté royale. C'est ainsi qu'il eut maille à partir avec le district des Feuillants, sur la plainte d'un petit colporteur entre les mains duquel il avait saisi plusieurs exemplaires d'une brochure infâme : *La Correspondance de la reine avec plusieurs illustres personnages*. A ce premier délit, Suleau en avait ajouté un plus grand, celui d'avoir lacéré ces brochures et de les avoir jetées au vent. Suleau alla au devant de la justice municipale : « Le plaignant, écrit-il au prési-
» dent du district, réclame un petit écu,
» sauf les conclusions de qui il appartiendra
» pour la vindicte publique ; de mon côté, je
» lui ai fait très-cordialement des offres réelles
» d'une centaine de coups de bâton, sans
» préjudice de son incarcération que j'exige
» impérieusement et que je demanderai jus-
» qu'à l'extinction de mes forces. Voilà l'état
» des choses. ». Ce procédé sommaire étonna le président du district ; il n'osa rejeter ni accueillir la demande de Suleau. Sur ces entrefaites, les jacobins et les *enragés* (un mot du temps qui a son prix) mirent à sac la boutique où Gattey, libraire du Palais-Royal,

exposait en vente les *Actes des Apôtres*, la *Gazette de Paris* de Durozoy et toutes les principales brochures du moment. *Les Actes des Apôtres* furent particulièrement maltraités; une édition toute entière, transportée sur la place du parvis Notre-Dame, y fut solennellement brûlée au chant d'un *Te Deum* dérisoire (21 mai 1790). Suleau mit habilement à profit ce divertissement populaire. « Assurément, écrit-il le lendemain 22 mai au » président du district, si l'on a pu brûler » hier les *Actes des Apôtres* et saccager le » magasin du libraire, moi j'ai bien pu dé- » chirer la *Correspondance de la reine* et en » rudoyer les colporteurs. Mais ce n'est pas » de ma justification dont il s'agit ici, je » veux obstinément un jugement positif.... » Le président, terriblement inquiet, se rejette sur le commissaire qui était ce jour-là de service au district : « Probablement, écrit- » il à Suleau, ce commissaire aura pensé » qu'il suffisait de faire une injonction ver- » bale au porteur de l'imprimé dont vous me » parlez, sous peine de punition en cas de ré- » cidive... » Suleau va droit au commissaire désigné et obtint enfin une réponse catégorique :

« L'enfant auquel vous avez sagement enlevé » les feuilles qu'il débitait, Monsieur, a reçu la

» leçon proportionnée à l'ignorance et à la fai-
» blesse de son âge; on a dû vous en donner
» connaissance. Lorsque vous êtes revenu au co-
» mité, j'en étais absent pour le moment, et j'ai
» regretté de n'avoir pas eu l'honneur de vous
» revoir, parce que tout en vous faisant part
» du parti que j'avais pris vis-à-vis du petit col-
» porteur et en vous félicitant sur le patriotisme
» de votre conduite, je ne vous aurais cependant
» pas dissimulé que vous étant livré avec un peu
» trop de zèle à l'enlèvement des feuilles d'entre
» les mains de ce petit bonhomme, vous avez ou-
» blié que vous n'aviez pas le droit de les lacérer,
» et encore que vous pouviez, par cet acte de ri-
» gueur, occasionner quelque rixe, ce qu'il est
» bien essentiel et ce que nous tâchons de tout
» notre pouvoir d'empêcher, et notamment aux
» environs de l'Assemblée nationale. Je désire,
» Monsieur, que ma réponse vous suffise ; la sa-
» tisfaction que vous désirez doit être remplie
» par l'injonction que j'ai faite à cet enfant de ne
» plus vendre de pareilles feuilles, et les me-
» naces d'être sévèrement puni s'il y était re-
» pris.   » *Signé* MARÉCHAL. »

Cet incident, puéril en apparence, méritait d'être rapporté, parce qu'il amena la publication d'une dernière réponse à M. Maréchal, essentielle à l'appréciation du caractère et des opinions de Suleau, en même
temps qu'elle témoigne d'une de ces prévi-
sions singulières dont furent doués la plupart
de ceux qui moururent de mort violente.

« Non , Monsieur Maréchal , *la satisfaction*
» *que je désirais n'est pas remplie par l'injonc-*
» *tion et les menaces faites au colporteur* , parce
» que l'espèce d'irrégularité que j'ai hasardée dans
» un mouvement de sainte indignation , avait un
» arrière but beaucoup plus important que le châ-
» timent de quelques malheureux , incapables de
» discerner les exécrables manœuvres dont ils
» sont les instruments aveugles. Ces mercenai-
» res, qui distribuent innocemment les poisons
» *régicides* de la calomnie , méritent plus de pitié
» que de courroux ; mais il faudrait inventer de
» nouveaux supplices pour les scélérats qui font
» tourner au profit de leurs horribles desseins la
» misère et le vertige d'un peuple qu'ils n'ont ja-
» mais alimenté que pour avoir plus de facilité à
» l'enivrer de leurs fureurs. Je les connais , ces
» ennemis de toute autorité légitime ; ils n'ont
» jamais été masqués pour moi , ces traîtres am-
» bitieux qu'une trop longue impunité enhardit
» à consommer leurs forfaits ! ils règnent sur les
» bons par la terreur , ils s'associent les méchants
» par le partage de leurs brigandages ; ils s'asser-
» vissent les sots (et s'en font couronner) à la fa-
» veur du prestige d'une basse et perfide popu-
» larité... Mais qu'ils sachent donc , ces miséra-
» bles , qu'ils ont lassé ma patience, et que celui
» qui a toujours vu sans pâlir , et la hache du
» fanatisme et les poignards des assassins, est ca-
» pable de les braver jusque sur leur char de
» triomphe ! Oui , je jure sur mon sabre que si la
» justice ne se hâte de purger mon malheureux
» pays de cette engeance infernale, j'aurai le cou-
» rage d'anticiper sur la vengeance des lois... »

On a tout lieu de croire que ces menaces positives s'adressaient au duc d'Orléans; sa haine pour ce prince, qu'il regardait comme le principal auteur des infortunes de la famille royale, ne connaissait pas de mesure et fit explosion peu de temps après.

« Serai-je ensuite », reprend-il avec une ferme résignation qui devient très-touchante quand on compare quelle fut sa vie et quelle fut sa mort, « serai-je ensuite tumultuaire-
» ment torturé par la rage d'une multitude
» engouée de ses véritables fléaux; ou serai-
» je froidement sacrifié à des considérations
» légitimes? Eh bien! Favras n'aura pas eu seul
» l'honneur d'avoir su rendre sa mort utile à
» sa patrie. » (*Actes des Apôtres*, n° 114.)

Un peu plus loin, il revient sur cette idée funèbre avec une insistance prophétique :
« S'il faut en croire tout ce qui se dit et se
» machine autour de moi, je n'ai pas besoin
» de me marier pour avoir bientôt *la corde*
» *au col*. Autant et mieux valait donc laisser
» faire le Châtelet; car la nation vous pend
» ses sujets d'une manière tout à fait gauche
» et désagréable, et quand je pense à cet
» exercice de sa liberté, *bis videor mori*. »

Au surplus, il est rare que Suleau s'abandonne à de tels accès d'humeur noire ; sans illusion sur l'avenir (le mot *régicide* prouve qu'il voyait juste) (1), il veut succomber vaillamment à l'ombre de son drapeau. Tous les moyens lui sont bons : il ne ménage ni son encre, ni sa parole, ni sa fortune, ni sa personne. Le libraire Gattey, terrifié par les voies de fait auxquelles on s'est livré contre sa boutique, a promis aux patriotes de ne plus vendre de brochures aristocrates. La *Feuille des Apôtres* n'a plus de bureau de souscription ; ce coup peut la tuer ; mais Suleau n'hésite pas à se charger de cette responsabilité périlleuse ; et dès le lendemain du jour où les motionnaires du Palais-Royal avaient donné une si étrange idée de leur respect pour la liberté de la presse, le numéro nouveau de la feuille royaliste publiait un petit avis ainsi conçu :

« On ne souscrit plus chez Gattey, ce poltron » apostat ;
» Mais, au contraire, chez M. Suleau,

---

(1) Ce qui explique et justifie dans une certaine mesure la résistance opiniâtre et violente du parti royaliste, c'est son étonnante prévision de l'attentat qui termina les jours du Roi. Dès 1789, on établit des parallèles entre Louis XVI et Charles Ier ; et peu de royalistes mirent en doute que la destinée de ces deux rois ne dût être semblable.

» A son domicile accoutumé, le Palais de la
» Nation (dit vulgairement le Châtelet) ;
» Et accidentellement hôtel d'Espagne, rue de
» Richelieu. »

Ainsi Suleau attirait sur lui comme à plaisir les vengeances de la populace, de cette même populace qui avait massacré de Launay, de Losmes, Flesselles, Foulon, Bertier, Varicourt, Deshuttes et le boulanger François. En butte à la haine des démocrates qui ne lui pardonnent pas l'acrimonie de son persifflage, sur chaque pavé il trouve une querelle ; il la trouve surtout parce qu'il la cherche. Il provoque l'un après l'autre les députés du côté gauche, qui dédaignent ses cartels ; le seul Barnave paraît un instant vouloir accepter la partie, puis il se ravise. Suleau, qui se surnommait lui-même *le brave des braves*, se donne un soir le passe-temps de rosser six « patriotes, » qui l'avaient attaqué à minuit sous l'arcade Colbert. « Ces » Messieurs se disaient altérés de mon sang. » Eh ! qu'en veulent-ils faire, bon Dieu ! le » veulent-ils boire ? » Telle est la réflexion que lui inspire ce guet-à-pens ; car Suleau publie les exploits de son bras comme Moncade ses bonnes fortunes. On connaît le souhait de Cyrano de Bergerac : « Si les coups » de bâton s'écrivaient.... » Suleau va plus

loin : il les imprime. Il répand son adresse
dans tout Paris , en ces termes textuels :
» M. Suleau , hôtel d'Espagne, rue de Riche-
» lieu ; en cas d'absence , à l'hôtel de la
» Nation , ci-devant le Châtelet, où il a tou-
» jours son domicile de droit et souvent de
» fait. On assure qu'il s'arrange pour y
» passer toute la belle saison. » Et pour n'en
pas avoir le démenti, il se fait arrêter une
fois la semaine , riant au nez du fameux Comité des Recherches , toujours berné par
l'imperturbable mystificateur. Quelle volupté
pour lui quand il entend crier par les rues :
» *Nouvelle conspiration de M. Suleau*, *arrêté*
» *avec tous ses instruments de contre-révolu-*
» *tion !* à savoir : une demi-douzaine de mor-
» tiers , autant de bombes , quatorze canons
» dont les affûts se sont brisés au pont de
» Sèvres , au retour de l'expédition du gé-
« néral LA PIQUE (nouvel affront à M. de La-
» fayette); un très-petit assortiment de grils
» à rougir les boulets; *item* en forces acti-
» ves , trois bataillons incomplets d'*Apôtres*
» à demi-brûlés ; *item* une poignée de trou-
» pes légères détachées du corps de l'*Apoca-*
» *lypse ;* et enfin , tout au plus huit à dix
» escadrons de Thessaliens , casernés dans
» une boîte à poudre. » Et là-dessus, d'atta-
quer tout le monde , et le duc d'Orléans, et

Brissot, et le duc de Biron, et Camille Desmoulins, et Gorsas. « Que de révélations à
» faire au public sur la duperie de sa recon-
» naissance et sur l'injustice, j'ai presque
» dit l'ingratitude de ses haines ! Je suis
» gros de terribles vérités; mais, hélas! je
» me trouve dans le même embarras que
» Latone, avant qu'elle eût rencontré l'île
» hospitalière de Délos; dans les quatre-vingt-
» trois départements, je n'ai pas un seul petit
» coin où je puisse paisiblement faire mes
» couches. »

Tour à tour s'indignant contre les défunts
parlements qui ont abandonné le Roi, contre
l'Assemblée qui a abandonné les parlements,
contre la noblesse qui a abandonné le clergé,
et contre le Roi, qui s'est abandonné lui-
même, il essaye de faire passer dans l'âme
de ses concitoyens sa brûlante énergie. Un
gentilhomme pleurait sur les débris de son
écusson, Suleau le surprend dans cette attitude. Au lieu de le plaindre, il lui dit avec
rudesse : « Lâche, que ne le défendais-tu? »
Voilà en deux mots toute sa *Lettre à M. Necker* sur le décret qui abolit les titres de noblesse (juin 1790).

Nous l'avons vu menacer de son sabre les
auteurs présumés des calomnies répandues
contre la reine ; le retour imprévu du duc

d'Orléans lui inspira des menaces encore plus directes. On sait quel étrange empire M. de Lafayette avait pris sur le premier prince du sang, lorsqu'après les journées des 5 et 6 octobre 1789, il lui intima l'ordre de quitter la France et la défense d'y rentrer sans son consentement (1). Le duc d'Orléans, que sa condescendance à ces deux injonctions avait achevé de perdre dans l'opinion publique, voulut, après six mois d'exil, sortir d'une situation qui le compromettait irrémédiablement; il résolut de quitter l'Angleterre malgré les menaces d'un émissaire que M. de Lafayette avait attaché à ses pas, et écrivit à l'Assemblée nationale qu'il comptait assister à la cérémonie de la première fédération. A cette nouvelle, Suleau exhala sa haine avec une violence inouïe. Il inonda Paris de *nouvelles Philippiques*, où il jurait au duc d'Orléans « de verser son sang impur » sur l'autel de la patrie, à la face de tout » Israël. » Cependant le duc revint à Paris, et Suleau se prépara sérieusement à exécuter ses menaces. Voici deux billets, dont il accompagna la publication de ses lettres au duc d'Orléans :

----

(1) Mémoires de Lafayette, t. II, *passim*.

» PREMIER BILLET DOUX.

» Nous verrons qui de nous emporte la balance
» Ou de tes artifices ou de ma vigilance.
» Je ne te parle plus ici de repentir ;
» Je parle de supplice et veux t'en avertir.
» Avec les assassins, sur qui tu te reposes,
» Descends au Châtelet, et suis-moi, si tu l'oses.

» VOLTAIRE. Rome sauvée. »

» Lundi 12, une heure du matin.

» J'ai passé la journée d'hier à la campagne.
» C'est à neuf heures du soir que j'ai été informé
» de l'arrivée du duc d'Orléans ; je me précipite
» au Palais-Royal ; j'apprends qu'il se propose de
» me poursuivre à outrance : Providence divine !
» je te rends grâce ! Mais puisque c'est une ven-
» geance légale qu'il ambitionne, je lui porte un
» autre défi : qu'il se constitue sur-le-champ
» prisonnier avec moi, et ensuite, sa tête ou la
» mienne. » SULEAU. »

« Lundi, midi.

» Je viens de porter moi-même à la chancel-
» lerie mon dernier cartel. On me promet réponse
» à ce soir ; Dieu soit loué ! Je compte toutes les
» minutes... Paraissez, Navarrais, Maures et
» Chaldéens! »

PREMIÈRE LETTRE.

« Mardi 13, onze heures du soir.

» Puisque.... puisque.... puisque.... etc. , c'est
» sur l'autel de la fédération, à la face de toutes

» *les tribus d'Israël, que je veux répandre ton*
» *sang impur, etc.*

» Il vous plaît, Monsieur, d'entrevoir dans cette
» généreuse agression l'odieuse menace d'un vil
» guet-apens ; mon caractère connu semblait de-
» voir me préserver d'une si injurieuse interpré-
» tation. Sans doute il est des conjonctures où
» les lois générales de l'honneur et les devoirs
» ordinaires de la loyauté peuvent et doivent être
» sacrifiés au salut de la patrie ; Scœvola s'est
» dispensé de provoquer en champ clos le roi
» d'Etrurie, et l'on admire encore cette sublime
» irrégularité ; mais vous n'êtes point redoutable
» à la manière de Porsenna , et maintenant que
» vos moyens sont avortés et connus, il n'est
» plus en votre pouvoir de remettre Rome en
» danger. Ainsi , puisqu'il n'y a que la peur
» d'une attaque insidieuse qui vous détermine à
» paraître demain au Champ-de-Mars personnelle-
» ment en état de défense, et par surcroît de
» précaution, escorté de quatre champions ar-
» més de pied en cap, laissez-moi tout cet atti-
» rail, qui ne vous est point du tout familier , et
» aurait tout au moins l'inconvénient de vous
» être incommode.

» Assurément on m'y verra , même à quinze
» pas de vous ; mais je m'y présenterai sans ar-
» mes, conduit par la seule curiosité d'y consi-
» dérer à mon aise votre contenance patriotique.
» Vaquez donc tranquillement à toutes vos fonc-
» tions civiques ; vous êtes enfin résolu à ne fer-
» railler contre moi qu'avec le glaive de la loi :
» à la bonne heure ! Je saurai vous prouver, en

» temps et lieu, que je suis propre à plus d'un
» genre d'escrime.

» J'ai l'honneur d'être, rancune tenante, c'est-
» à-dire avec tous les sentiments que me com-
» mande la conviction de votre scélératesse, Mon-
» sieur, votre, etc.   » SULEAU.

Nous ne connaissons pas le texte précis de
la réponse du duc d'Orléans; en voici seulement le sens, autant que nous l'ayons pu saisir dans une seconde lettre de Suleau, où le
message du duc est analysé.

« Le duc commence par admirer la générosité du caractère de Suleau et rendre hommage à la loyauté de sa conduite; il reconnaît que l'agression dont il se défend est in-
spirée non par un sentiment de haine per-
sonnelle, mais par la conviction politique de
sa participation à des attentats commis contre la monarchie; mais Son Altesse ne juge
pas convenable de faire dépendre son honneur
civique de la direction capricieuse d'un pistolet, parce qu'indépendamment de l'irrégularité de ces sortes de décisions, elle ne
tuerait pas avec M. Suleau tous les soupçons qui l'accusent. Il importe au duc que
M. Suleau vive pour être un jour l'instrument
de sa justification. Le duc promet subsidiai-
rement de se présenter dans l'arène judi-
ciaire aussitôt que les grands jurés seront

institués. En résumé, Son Altesse n'accepterait de rencontre avec M. Suleau qu'en cas d'une éruption soudaine et violente qui la mettrait dans la nécessité de défendre sa vie attaquée contrairement aux lois de l'honneur. »

Le ton de modération affectée qui règne dans la réponse du duc d'Orléans firent perdre à Suleau tout prétexte « de verser son sang impur ». Le duc ne laissa pas que de se présenter à la cérémonie environné de MM. de la Clos, de la Touche, de Sillery et de Biron ; ces quatre personnages et le duc lui-même portaient des pistolets chargés dans les poches de leur habit. Ils craignaient d'avoir à repousser des agressions simultanées ; car plusieurs officiers attachés à la cour, entre autres M. de Goguelat (qui a joué un rôle d'honorable dévouement dans la fuite de Varennes), avaient adressé au duc d'Orléans la plus insultante provocation. Mais tout se passa bien. Suleau, mis en demeure de renoncer à son dessein belliqueux ou de se porter sur la personne du duc à l'un de ces outrages qu'un homme de cœur craint autant de commettre que de recevoir, ne troubla pas l'harmonie de la fête. Cette curieuse affaire fut close par une dernière épitre de Suleau résumée en ces quelques lignes : « Vous

» vous êtes obstiné, bon prince, à avoir la
» paix avec moi ; eh bien ! vous l'aurez ; car,
» après tout, votre résignation et votre gé-
» nérosité me désarment. »

Il est remarquable que depuis ce moment
jusqu'au commencement de l'année 1791,
Suleau se renferma dans un silence presque
complet. En neuf mois, son nom ne paraît
que deux fois dans les *Actes des Apôtres*. Le
fait est qu'il s'était créé plus d'adversaires
que d'amis. Personne ne marchait de conserve
avec un pareil casse-cou que Mme de Coigny
avait surnommé le *chevalier de la Difficulté*. —
« On admirait de loin ma hardiesse et mon
» dévouement ; mais je trouvais plus de cen-
» seurs que d'imitateurs. J'étais *une tête exal-
» tée* dont il était prudent de se garer pour
» n'être pas entraîné dans ma chute. » Suleau
boudait. Tantôt il quitte Paris et se réfugie à
Oncy, près d'Etampes ; tantôt il délibère s'il ne
se retirera pas en Amérique. Mais les derniers
troubles de Paris, l'émeute dont le duel de MM.
de Castries et de Lameth fut le prétexte et qui
renversa le ministère, la sédition de Vincennes
et le traitement indigne infligé à quelques
fidèles serviteurs du roi qu'on flétrit du sur-
nom de « chevaliers du poignard », réveillè-
rent son ancienne ardeur. D'ailleurs on com-
mençait, c'est lui qui nous l'apprend, à re-

marquer ses fréquentes entrevues avec Mirabeau et le nouveau garde des sceaux, Duport du Tertre; on le vit même chez M. de Lafayette. L'ingratitude de ses amis le soupçonna de faiblesse ou de perfidie. Bientôt on alla jusqu'à insinuer que le duc d'Orléans pourrait bien avoir acheté son silence. C'en était trop : Suleau ne se contint plus. Il rentra dans la lice et publia coup sur coup *le Réveil de M. Suleau* et *le Voyage en l'air, second réveil*. La première de ces brochures était suivie du prospectus d'un journal politique qu'il se proposait de lancer le 1er avril. Le cadre de ces publications préparatoires est ingénieusement tourné selon la tradition littéraire du xviiie siècle. Madame la marquise de *** écrit à « son bel ami » et lui demande compte de son silence.

« Je me doute bien qu'en général vous boudez
» l'aristocratie; mais cette idée ne me donne pas
» encore la clef de votre conduite, et ne m'ex-
» plique pas nettement la monstruosité de cer-
» taines relations. Dans mes conjectures particu-
» lières, votre désertion ne ressemble pas mal à
» la colère d'Achille; mais quel insigne outrage
» avez-vous donc reçu de ces malheureux aristo-
» crates, dont les infortunes ne sauraient plus
» vous émouvoir? Agamemnon-Maury vous au-
» rait-il ravi quelque Briséis?... Persifflez-moi si
» cela vous amuse, riez tant qu'il vous plaira de

» mes folles imaginations ; mais je vous somme
» de me répondre gravement sur quelques ques-
» tions qui mettent jour et nuit ma pauvre tête
» à la torture, et qui n'ont jamais été si problé-
» matiques que depuis que tout le monde se mêle
» de les résoudre. Qu'est-ce que M. de Lafayette?
» que veut-il? comment finira-t-il? Et ce Mira-
» beau, qui est le plastron de toutes les invec-
» tives, comment se fait-il qu'il soit encore re-
» doutable? quelle est sa politique et que pen-
» sez-vous de ses moyens? »

Ces interrogations étaient faites pour pi-
quer la curiosité publique, car elles intéres-
sent encore. Suleau remplit avec beaucoup
de bonheur le plan qu'il s'est lui-même
tracé.

« Depuis que je suis convaincu, dit-il, que
» toutes les digues qu'on tenterait d'opposer au
» torrent de la démagogie ne serviraient qu'à
» accroître son impétuosité et multiplier ses ra-
» vages, je ne m'épuise pas en efforts superflus ;
» j'attends, je prêche la patience et la force d'i-
» nertie. Il m'est démontré que le corps politi-
» que ne peut se rétablir qu'après avoir parcouru
» toutes les périodes de la maladie. J'observe
» donc en silence le progrès du mal, et quand
» les circonstances le requièrent, je visite le
» foyer de la contagion ; dès-lors, voilà qu'un
» troupeau de myopes décident que je suis un
» pestiféré, qui, par faiblesse ou cupidité, s'est
» laissé inoculer le virus épidémique.

» Il sied bien à des lâches d'épiloguer mes
» motifs et de juger ma conduite! N'est-il pas
» très-plaisant que moi, je sois harcelé par un
» tas de hobereaux, aussi poltrons que mal avi-
» sés, qui, également incapables d'agir et de
» prévoir, n'ont eu ni le courage de se secourir,
» ni le bon sens de se prêter aux moyens de sa-
» lut qu'on leur offrait! Est-ce ma faute à moi si,
» lorsque je leur criais de s'armer et de faire
» bonne contenance, ils n'ont su que gémir et
» protester? Il me reste du moins la triste conso-
» lation de leur avoir prédit toutes les suites de
» leur aveuglement et de leur couardise. Tout
» me persuade que cette caste là était depuis
» longtemps pourrie; et cela m'explique com-
» ment une assemblée qui recule devant tous les
» obstacles s'est fait un jeu de les fouler aux pieds;
» elle a senti qu'elle s'attaquait à un cadavre. »

Viennent ensuite les portraits demandés
par la marquise de *** et dont la touche fine
n'est pas indigne de la gravité de l'histoire.

« Il faut donc vous parler de M. de Lafayette.
» On sait assez que ce n'est pas un héros, et
» cela parce que, dans les circonstances qui de-
» mandaient du courage et de la vigueur, il ne
» s'est jamais mis au niveau de son rôle. Ses
» partisans ne tarissent pas sur l'éloge de son
» sang-froid et de sa prudence : je ne prendrais
» pas d'autre texte si je voulais faire une satire
» amère des principaux traits de sa conduite de-
» puis qu'il a l'air de commander la milice pari-

» sienne; car sa sagesse si vantée n'est autre
» chose que cette espèce de réserve contempla-
» tive qui accompagne toujours la nullité des
» moyens. D'un autre côté, il y a dans sa démo-
» cratie un fonds de probité qui ne permettra
» jamais de le haïr. Je suis donc à son égard
» dans la situation d'esprit et de cœur la plus
» convenable pour le juger sainement. Les uns
» en font un scélérat battu à froid, pour qui
» rien n'est sacré, un fourbe profondément am-
» bitieux, digne de tous les supplices, pour avoir
» préparé sourdement tous les malheurs de la fa-
» mille royale et favorisé de toute son influence
» le progrès de l'anarchie, en préconisant haute-
» ment les fureurs d'un peuple égaré; et pen-
» dant que ceux-ci le vouent à toutes les ma-
» lédictions et dressent son échafaud, les autres
» le bénissent et lui élèvent des autels comme à
» un génie bienfaisant, qui fera le bonheur de la
» France qui lui doit déjà son salut...... Vous
» voyez que, soit en bien, soit en mal, on s'ac-
» corde à lui donner des proportions gigantes-
» ques. Eh bien! ce n'est rien de tout cela; M.
» de Lafayette n'est rien moins qu'un être colos-
» sal. C'est tout bonnement un excellent citoyen
» qui veut sincèrement le bonheur de son pays;
» et il en serait le plus ferme soutien si la hau-
» teur de ses conceptions politiques et la vi-
» gueur de ses moyens d'exécution répondaient
» à la pureté de ses intentions. Malheureusement
» ses vues sont étroites, et il n'a pas d'élan
» pour l'action. Son énergie ne passe pas un cer-
» tain courage d'idées, qui, dans les grandes

» occasions, ne saurait suppléer la vigueur de
» l'âme. Il est quelquefois mâle dans ses dispo-
» sitions ; mais ses actions sont toujours d'un
» châtré.

» Vous me demandez ce qu'il veut... Un jour
» qu'il m'écoutait avec bonté, je pris la liberté
» de lui faire la même question. Il veut une *mo-*
» *narchie populaire.* Je ne pus m'empêcher de
» lui répliquer que c'était la démocratie royale
» des *Actes des Apôtres.* La répartie était causti-
» que : il m'écoutait; mais ce n'est pas à dire
» qu'il m'ait entendu. Je me suis bientôt repro-
» ché cette petite méchanceté ; car dans le cours
» de la même conversation, je fus convaincu
» qu'il n'était point entiché du républicanisme
» des factieux, et qu'il était même sincèrement at-
» taché à la personne du roi; je serais sa cau-
» tion sur ce point. Vous voilà bien embarrassée
» pour concilier cela avec la captivité, la geôle
» et tous les accessoires, etc., etc. Je n'aurai
» point pitié de votre impatience ; je vous ai dit
» qu'il n'était pas encore temps de le définir ;
» contentez-vous aujourd'hui de savoir comment
» il doit finir. Il finira par être pendu (j'ai parié
» qu'il le serait encore avant moi, et je suis prêt
» à doubler la gageure); oui, Madame, pendu,
» et ce qui vous paraîtra encore plus paradoxal,
» c'est qu'il sera pendu par ce bon peuple dans
» lequel il semble avoir concentré toutes ses af-
» fections. »

La prédiction était juste puisque la fuite a
pu seule sauver Lafayette de l'échafaud.

« Au fait, continue Suleau , M. de Lafayette
» était l'homme le moins propre à diriger la force
» publique dans un temps de troubles et de dis-
» cordes. Il faut à un chef de parti un grand ca-
» ractère, de vastes mesures, une fermeté impo-
» sante et quelquefois même de l'audace ; et M. de
» Lafayette, loin d'être un homme fortement
» trempé, n'est qu'un agnelet, d'un génie très-
» circonscrit, timide dans ses résolutions et pe-
» tit dans ses moyens. Il est incapable de se prê-
» ter sciemment à des atrocités ; mais comment
» se justifiera-t-il d'avoir toujours été spectateur
» indolent des exécutions populaires? Il semble
» n'y assister que pour les consacrer par sa pré-
» sence. Il arrive là très-froidement lorsque tout
» est fini ; alors il engage respectueusement les
» acteurs et les spectateurs (*ses frères*) à rega-
» gner paisiblement leurs foyers. S'il ne s'était
» créé ce petit bout de rôle, il ne figurerait dans
» toutes ces tragédies que comme un valet de
» théâtre qui ne paraît sur la scène que pour
» emporter les cadavres lorsque la pièce est jouée.
» On l'a justement comparé à l'arc-en-ciel qui
» ne se montre qu'après l'orage. »

Le portrait de Mirabeau n'est pas moins
piquant, quoique d'un dessin plus vague. Suleau qui ne se montre jamais prude et qui
prisait les gens d'esprit, s'était lié plus intimement qu'il ne veut l'avouer à la marquise,
avec le grand orateur. Il voudrait le déprimer,
et malgré lui, voilà qu'il entame son éloge.

« Au fait, ce Mirabeau n'est pas aussi mons-
» trueux qu'on le suppose ; à part son esprit,
» ses connaissances et ses talents, il a encore
» des qualités attrayantes. C'est sans contre-
» dit un homme profondément immoral ; mais
» il met dans toute sa turpitude une fran-
» chise si originale que sa scélératesse même
» a quelque chose de séduisant. Il y a dans
» sa laideur morale je ne sais quel profil qui
» n'est pas tout à fait aussi hideux que celui
» de sa figure. Il faut croire que sa déprava-
» tion est contagieuse, car j'ai peine à me
» défendre d'un certain intérêt de bienveil-
» lance à son sort. »

Cette réflexion fort juste peut en suggérer
d'autres, dont le lecteur nous pardonnera la
hardiesse tout à fait hypothétique. Mirabeau
ne cherche-t-il pas effectivement à inoculer
sa dépravation au franc et loyal Suleau ; ne
travaille-t-il pas à l'engager dans quelque
transaction fâcheuse pour l'indépendance de
ses opinions ? Il n'y réussit pas, sans doute,
car l'intégrité de Suleau ne peut être l'objet
d'un soupçon ; mais qu'il l'eût tenté, voilà
qui est indubitable. « Il le gourmandait un
» matin, dit une note du numéro 162 des *Ac-*
» *tes des Apôtres* sur sa répugnance enfantine
» à de certaines complaisances. « Eh ! mais,

» nigaud, lui dit le père conscrit, *mets donc*
» *ta conscience à l'ordre du jour.* »

Ce qui ne doit pas être perdu pour l'histoire, c'est le rôle que remplit Suleau dans les négociations de Mirabeau avec la Cour. Persuadé que l'appui de ce grand orateur sauverait la monarchie, Suleau s'employa d'un côté à persuader au gouvernement du roi qu'il fallait satisfaire sans marchander la déplorable avidité du « père conscrit, » de l'autre à inculquer à Mirabeau les plans qu'il croyait les plus propres à rétablir l'ordre dans l'Etat.

« Si la France, écrivait-il, prend à sa solde
» quelques régiments suisses, ce n'est pas qu'elle
» ait besoin d'étrangers pour compléter son ar-
» mée; mais c'est qu'il est nécessaire à un Suisse
» de se vendre, parce qu'il ne vit que de trafic;
» or, si vous ne l'achetez pas, il fera avec vos
» ennemis le marché dont il vous a offert la
» préférence; s'il n'est pas pour vous, il est con-
» tre vous. Tout n'indiquait-il pas que par le
» même calcul politique, il fallait stipendier le
» Suisse de Provence? Etait-il permis de lésiner
» sur les conditions de son traitement, quand il
» était évident que vos ennemis enchériraient
» sur le traité dont il vous faisait l'hommage de
» très-bonne foi? »

Mirabeau qui recevait temporairement du roi sept mille livres par mois, trouvait ce subside mesquin. C'est ce que Suleau déclare nettement. (*Réveil*, p. 29.)

« Mirabeau joue un jeu forcé, car il est mo-
» narchiste par goût et par principes ; qu'at-
» tendez-vous donc pour le mettre en mesure
» de réparer le mal que vous l'avez condamné
» à vous faire? Ce n'est pas le moment d'écou-
» ter certaines répugnances : il faut aux grands
» maux des remèdes violents. La langue de ce
» serpent a la même propriété que la lance d'A-
» chille, qui guérissait les blessures qu'elle avait
» faites. Le corps politique est agonisant : que
» celui-là qui connaît le secret de sa maladie en
» soit le médecin; la cure est infaillible, mais re-
» tenez bien que lui seul peut l'opérer. »

Les lettres et les plans de Suleau faisaient partie des papiers que Mirabeau mourant confia au comte de Lamarck, et n'ont pas été publiés. Tout ce que nous en pouvons savoir, c'est qu'ils étaient d'accord sur la nécessité, le cas échéant, de prévenir les coups des Jacobins et de commencer la guerre civile dans les départements du Midi. Mirabeau destinait le commandement des gardes nationales de Provence à Suleau, qui refusa, parce que « les conditions lui déplurent. » Au surplus, il est certain que Louis XVI eût repoussé ce plan.

Il est toutefois bien remarquable que Su-

leau n'ait publié son journal que le lendemain des funérailles de Mirabeau et que le
premier numéro de cette feuille soit aussi
cruellement injurieux pour la mémoire de
l'orateur que les confidences du prospectus
sont admiratives et en quelque sorte affec-
tueuses.

Au nom de la probité politique, on doit blâmer Suleau de s'être entremis dans des mar-
chés de cette espèce, avec une sévérité d'autant
plus grande, que personnellement incorrupti-
ble, il conseillait systématiquement la corrup-
tion des députés; il avait calculé qu'avec moins
de deux millions de livres, on enlèverait cent
dix voix au côté gauche, de manière à assurer au gouvernement une énorme majorité.
Les ministres d'alors écartèrent ce plan, et
Suleau considéra leur répugnance comme la
preuve flagrante de leur impéritie. Plus tard,
le ministre Bertrand de Molleville tenta d'exécuter une combinaison de ce genre, et l'is-
sue de ses négociations avec Danton et avec
les Girondins, bien qu'elles aient réussi à
l'égard du premier et échoué avec les autres (1), prouvèrent, malheureusement pour

---

(1) On sait que Vergniaud et ses amis ne refu-
sèrent le subside qui leur était offert sur les fonds

la nature humaine que Suleau avait bien calculé.

Le *Journal de M. Suleau* ne répondit pas à l'attente générale. Chose étrange et naturelle cependant, Suleau doutait !.... Il arrivait à cette période de la vie où l'homme qui pense interroge à la fois le passé et l'avenir. Suleau vit clairement que le naufrage du passé était irréparable, mais l'avenir lui fit horreur.

Dès le début de son entreprise, Suleau se raidit contre le sentiment secret de l'inutilité de ses efforts.

Il sent qu'il est dans une route périlleuse, que le terrain va fléchir sous ses pas ; il a peur de tout et de tous ; peur de l'assemblée, dont l'existence est un outrage à l'inviolable autorité du roi ; peur des nobles qu'il a trouvés découragés et désunis ; peur de l'étranger, dont il soupçonne les arrière-pensées ; peur des princes, parce qu'ils compromettent le roi dans des vues particulières qu'il voudrait déjouer ; peur de la reine, parce qu'elle se défie du désintéressement des princes.

---

de la liste civile, que parce qu'ils le trouvèrent insuffisant. Mais le roi n'avait plus d'argent, et le marché fut rompu. (*Mémoires de Bertrand-Molleville*, t. 1.)

Chacune de ses publications mensuelles porte l'empreinte de ces terribles irrésolutions, qui nous touchent profondément, parce qu'en les surprenant à nu dans cette âme qui ne sut pas feindre, on a le secret de toutes les erreurs, de toutes les illusions, de toutes les fautes et aussi de tous les malheurs du parti royaliste qui fut broyé par les vagues révolutionnaires entre ces deux grandes croyances, la Royauté et la Patrie.

Le journal de Suleau est devenu, comme la plupart des documents de ce temps, d'une telle rareté, qu'on nous permettra d'en extraire avec soin des renseignements précieux sur la cour de Coblentz et les plans de l'émigration. Louis XVI, alors qu'il était captif dans son simulacre de royauté, avait accrédité M. de Breteuil auprès des puissances en qualité de plénipotentiaire secret, non, comme les adversaires passionnés de cet infortuné monarque ont affecté de le croire, pour nouer avec l'étranger des intrigues contraires à la sûreté de la France, mais dans le but de déjouer la prétention qu'affichaient le comte de Provence d'agir comme régent du royaume et le comte d'Artois comme lieutenant général. Aux yeux du roi, cette double prétention offensait la majesté du trône et en menaçait la sécurité, en justifiant tous les

doutes que la malveillance s'efforçait de ré-
pandre sur la loyauté du souverain. Les princes, de leur côté, persistaient dans leur vue
de considérer la volonté du roi comme en-
chaînée ; ils ne reconnurent point les pou-
voirs de M. de Breteuil et lui opposèrent
M. de Calonne. Une lutte très-singulière s'établit entre ces deux agents. Au mois de juin
1791, Suleau quoique dévoué de cœur aux émigrés, appartenait encore au parti de M. de
Breteuil. Aussi, bien qu'il approuve dans une
certaine mesure les intentions des princes,
émet-il de prudentes réserves contre l'usage
qu'ils feront de la force qu'ils ont dans les
mains. Le concours des armées étrangères
lui répugne et l'effraye : là il est éloquent,
parce qu'il pressent avec justesse tous les
périls d'une situation si délicate.

« Dieu veuille que le manifeste qui précédera
» leurs premiers actes mette dans une parfaite
» évidence la loyauté des puissances auxiliaires,
» et ne renferme d'ailleurs aucune prétention
» offensante pour tant de braves Français qui se
» sentent dignes d'une véritable liberté! car en-
» fin, si ceux-ci n'ont à combattre que pour le
» choix de leurs tyrans, leur résolution ne sera
» pas douteuse : ils redouteront bien moins la bru-
» talité des Appius que les caresses des Porsenna.
» Ici, je vois M. le comte d'Artois et M. le prince

» de Condé s'avançant à la tête des légions for-
» midables qui leur sont confiées par des puis-
» sances étrangères dont il est permis de suspec-
» ter le désintéressement. Je ne ferai point à des
» Bourbons fidèles au devoir de leur naissance
» l'injure d'examiner ce qu'ils veulent. Certes,
» ils n'ont pas la folle et criminelle prétention de
» ne nous délivrer de la turbulence éphémère,
» de l'oppression momentanée de quelques tri-
» buns intrigants que pour mieux river les chaî-
» nes féodales que nous avons voulu briser sans
» retour. Soit que je considère le roi dans la
» bourgeoisie de son ambition et l'humilité de
» ses goûts, soit que par une supposition com-
» plaisante et gratuite, mais chère à mon cœur,
» je lui prête la noble impatience de se dépêtrer
» des chaînes dont il s'est garrotté, je conclus
» que, loin de soulever hardiment sur ses libéra-
» teurs ses bras flétris de meurtrissures, il n'aura
» de voix que pour les exorciser, et s'il lui reste
» la force de s'agiter dans ses fers, ce sera pour
» célébrer les bienfaits et la vertu de ses geô-
» liers et de ses bourreaux. Je ne dois pas
» examiner aujourd'hui si cette étrange combi-
» naison d'imprécations et de vœux sera bien
» politique ; je ne dirai pas encore si ce contre-
» sens d'hommages prouvera d'autre sincérité
» que celle de sa peur. A quelque système que
» cette conduite appartienne, qu'elle soit ou le
» conseil naturel de sa faiblesse, ou l'effet né-
» cessaire de ses malheureuses circonstances, ou
» le résultat spontané de son impéritie, toujours
» est-il vrai qu'à l'exemple de Henri III, il se

» précipitera d'abord dans les bras des ligueurs ,
» qui seront fiers d'opposer son mannequin aux
» guerriers armés pour sa défense. Dans cette
» monstrueuse confusion , à quel panache se ral-
» lieront les vrais amis de la patrie , qui, détes-
» tant également et le despotisme plébéien , et
» la tyrannie des grands, également effrayés et
» des horreurs de l'anarchie et du danger de la
» conquête , ne veulent combattre que pour le
» salut de la monarchie ? »

C'est au moment même où Suleau définis-
sait avec cette éloquente précision la situation intolérable dans laquelle l'intervention
des princes allait placer la couronne, qu'il
apprit la fuite et l'arrestation de Varennes
« ignominieuse et déplorable aventure » s'é-
crie-t-il. Il n'est touché que d'une chose, non
des malheurs de la famille royale, bien qu'il
donne une larme sincère à l'incomparable
héroïsme de la reine , mais de l'humiliation
infligée à la royauté. Au surplus, il n'eut pas
le temps de s'appesantir sur ce triste sujet;
les tracasseries personnelles qu'on lui suscita
le forcèrent à prendre quelque souci de sa
propre destinée. La municipalité cherchait à
l'impliquer dans la fuite du roi. Il en était
bien innocent, car il regarde cette fuite comme un piége tendu à la famille royale, d'après
un ancien plan de Mirabeau , conçu dans

l'intérêt, soit de M. d'Orléans, soit du comte de Provence, et que M. de Lafayette aurait favorisé pour en tirer un avantage ultérieur en le déjouant à temps. Bien que nous ayons pris à tâche dans le cours de cette étude, de ne nous point immiscer dans la solution des problèmes historiques que présente l'histoire de la révolution française, nous pouvons assurer que les soupçons de Suleau, surtout en ce qui concerne M. de Lafayette, ne méritent historiquement qu'une médiocre confiance. C'est là une de ces mille et une calomnies que les partis en querelle se jettent à la tête et qu'un examen sérieux dissipe sans retour.

Les Jacobins et les meneurs populaires, tels que ce Rotondo que l'histoire a pris en flagrant délit dans les flammes de l'hôtel de Castrie, et plus tard dans le sang de la princesse de Lamballe, avaient juré haine à mort à Suleau, dont ils menacèrent vingt fois le domicile. Dès lors, le courageux écrivain mit ses meubles et ses papiers à l'abri « des jurés-brûleurs » et c'est dans une chambre nue, meublée seulement d'un lit, d'une table et d'une chaise, qu'il continua sa guerre de sarcasmes et d'invectives.

« Le démocrate, dit-il, est de la nature des cas-

» tors. Celui-ci abat sans cesse , celui-là détruit
» sans cesse. Le premier n'a qu'une manière de
» construire : le second n'a qu'un système en
» politique. Le castor est amphibie , le démocrate
» s'accommode également de l'élément républi-
» cain et monarchique. Tous les deux enfin , ils
» passent leur vie à bâtir ; le castor dans l'eau ,
» le démocrate sur le sable, ayant à craindre ,
» l'un la rapidité des fleuves , l'autre l'impétuo-
» sité des vents. En général , le démocrate a les
» inclinations tempérées. Tardif dans ses combi-
» naisons , peu prévoyant , naturellement sobre,
» il consomme peu et vit au jour le jour. Qu'on
» le laisse niveler , maçonner , édifier, démolir ,
» c'est tout ce qu'il demande. Ces animaux sont
» enclins à s'isoler ; mais, nés craintifs , et timi-
» des, ils marchent rarement seuls ; aussi est-
» il très-ordinaire de les voir se réunir en trou-
» peaux. Alors , il est prudent de les éviter et de
» s'éloigner des endroits où ils paissent ; car au-
» tant ils sont timides dans la solitude , autant
» ils deviennent hardis et entreprenants , lors-
» qu'ils se trouvent en certain nombre. On les a
» vus quelquefois se jeter sur des voyageurs, et
» les dévorer. Le bruit d'une arme à feu pré-
» vient ces accidents , et suffit pour les mettre
» en fuite. »

Suit le portrait du jacobin :

« Le jacobin participe de la nature du tigre et
» de l'ours blanc. Ses formes sont brutes et gros-
» sières : son maintien est lourd. Il a l'air taci-

» turne, l'encolure hideuse, le poil ras. Féroce
» et carnassier, il égorge pour le plaisir d'égor-
» ger, aime passionnément la chair humaine, et
» vit dans un état de guerre perpétuelle, avec
» tout ce qui n'est pas de son espèce, à l'excep-
» tion du démocrate avec lequel il se plaît quel-
» quefois et plutôt par caprice que par attache-
» ment. Fouiller la terre, déraciner les arbres à
» fruit, telles sont les occupations de l'ours jaco-
» bin, qui n'est par lui-même susceptible d'au-
» cune espèce d'éducation, et dont on ne peut
» se servir qu'après l'avoir muselé. »

Ces amères moqueries n'avaient pas encore vu le jour, que Suleau était, pour la dixiè-
me fois peut-être, incarcéré par ordre du
comité des recherches, sous l'inculpation d'a-
voir publié des libelles « soudoyés par l'aristocratie. » Des placards affichés dans Paris
l'accolaient à Marat, avec qui des badauds
lui prêtèrent nous ne savons quelle ridicule
complicité.

Depuis le retour de Varennes, il nourris-
sait le généreux dessein de défendre devant
les tribunaux les trois gardes-du-corps arrêtés
pour avoir coopéré à l'évasion du roi ; il n'eut
que la consolation de les retrouver à l'Abbaye.

Cette dernière aventure mit les affaires de
Suleau dans le plus pitoyable désordre ; ses

créanciers l'accablent de papiers timbrés qui franchissent les grilles de la prison, inexorablement fermée à ses amis. Ses abonnés surtout font rage. Suleau coupe court à leurs réclamations par un double trait d'audacieuse folie : il établit un bureau de distribution au greffe de la prison de l'Abbaye et un bureau d'abonnement au Comité des recherches. « Ces honnêtes gens, dit-il, sont singulière-
» ment officieux, et je ne dois plus douter
» que mes abonnés ne soient servis désor-
» mais avec la plus scrupuleuse ponctua-
» lité. »

Cependant il est une accusation qu'il n'accepte pas avec sa philosophie ordinaire : celle d'être « *soudoyé par l'aristocratie.* » On sent que le rouge doit lui monter au visage. Alors il rappelle avec une indignation vraie qu'il a refusé les secours immenses qui lui furent offerts pendant sa détention de 1790, et qu'il n'a jamais tiré de sa plume d'autre bien que les 40,000 livres produites par les souscriptions de son journal. « Cependant, ajoute-t-il avec plus de gaîté, j'ai usé librement de la bourse d'un quidam qui à ce prix m'absolvait d'avance de tous mes péchés d'aristocratie. Cet homme m'avait déjà prêté cent mille francs dans d'autres circonstances; sous beaucoup de rapports, il avait auprès de moi le droit de représentation ; il ne pouvait ni ne devait encourager ce qu'il appelle une hérésie politique, mais il ne s'est jamais permis d'en contrarier l'essor que par des considérations de prudence. Sûr de ma probité jusque dans mes erreurs, il ne pouvait que me plaindre, mais il se serait fait un crime de me blâmer, d'obéir à l'impulsion de ma conscience. La seule condition qu'il attache à cette sorte de condescendance, c'est que je lui laisserai le privilége exclusif de pourvoir à tous les frais de mes armements contre le système révolutionnaire. Peut-être les jansénistes de l'aristocratie me pardonneront-ils cette espèce de transaction avec un profane, quand ils sauront que ce profane, c'est mon père. »

Jamais, sans doute, la justice politique n'avait rencontré une proie si glissante ; elle lui échappa encore cette fois ; mais l'âme de Suleau s'est ulcérée. Ne lui parlez plus de modération, c'est lâcheté ; ni de conciliation, c'est duperie. Les moyens doux ne sont plus de saison ; plus de pacte avec l'anarchie ; c'est par la force ouverte que la contre-révolution doit s'opérer. Suleau part pour Coblentz, et comme sa nature est toute extrême, il ne se contente pas d'embrasser les projets de l'émigration, dont il se défiait tout à l'heure, il abandonne M. de Breteuil et va d'un bond à M. de Calonne. Il va donc combattre loyalement pour la monarchie, vaincre ou périr pour son roi. Porte-t-il son regard sur les partis qui divisent la France, aux jacobins son mépris muet et presque son indulgence; mais haine, haine vigoureuse à ces infâmes « monarchiens, » royalistes constitutionnels et partisans des deux chambres « intrigants, frénétiques, charla- » tans, infâmes, orgueilleux, imbéciles, co- » quins ambitieux » je passe la meilleure partie de la litanie. Voilà ceux qu'il dénonce à l'Europe monarchique, ceux qu'il accuse d'avoir circonvenu le monarque. « Ah! s'é- » crie-t-il, Louis XVI et Marie-Antoinette ser- » vent bien mal LE ROI! » Mais quelle est donc la cause de cet emportement contre les partisans de la monarchie constitutionnelle? Suleau va nous l'apprendre! « C'est que de- » puis six mois ils ont retardé le bienfait de » la contre-révolution. » Si l'on réfléchit aux accusations imprudentes dont la loyauté de Louis XVI fut l'objet, on conviendra que cette véhémente sortie d'un écrivain non suspect d'attachement à la cause révolutionnaire, est la justification la plus complète des intentions de ce malheureux prince, et une honte de plus pour ses bourreaux.

Suleau se trouvait à Neuwied-sur-le-Rhin (1)
vers la fin du mois de novembre; le comte
d'Artois l'accueillit assez gracieusement pour
le consoler de la réception plus froide que
lui avait faite à Coblentz le comte de Provence; mais il avait beau feindre l'enthousiasme et s'exalter à froid pour une cause
qu'il sentait irrévocablement perdue, vainement se plaisait-il à retrouver dans le comte
d'Artois « la grâce chevaleresque et le courage impétueux de Henri IV; » vainement
prêchait-il la légitimité du despotisme au
nom du dogme aveugle de la nécessité, il
pouvait étouffer sa conscience, mais non pas
son intelligence qui prenait en pitié les petits calculs des puissances étrangères, et les
folles illusions de l'armée de Condé. C'est le
cas ou jamais de prêcher l'énergie. Ainsi
fait Suleau; il adjure l'empereur Léopold, il
adjure l'impératrice Catherine. Pourquoi tant
de lenteur? pourquoi tant de braves gentilshommes se consument-ils sur les bords du
Rhin en une déshonorante oisiveté? Que veut

---

(1) Les renseignements que dans les *Mémoires
secrets* M. d'Allonville donne sur le séjour de Suleau à Coblentz manquent d'exactitude dans le
détail.

dire cela? Et quelles sont ces intrigues qui s'agitent dans Coblentz divisé? Ces questions, faites avec la liberté dont Suleau, quoique en eût son aristocratie, avait pris l'habitude dans les luttes de la presse, devaient déplaire aux princes; elles déplurent. « C'était, » dit un contemporain, le tonnerre tombant » au milieu des délices de Capoue. » Toute cette partie du journal de Suleau (de novembre 1791 à février 1792) a l'importance d'un document. La situation respective de la cour de Paris et de celle de Coblentz, les querelles de M. de Calonne avec M. de Breteuil, y sont analysées de main de maître; l'histoire peut même y puiser quelques notions nouvelles ou la confirmation de quelques points douteux. Ainsi, il demeure avéré 1° que le roi Louis XVI intima très-sérieusement aux princes ses frères de dissoudre l'armée du Rhin, qu'il fut très-sensible à leur résistance, et que loin de l'encourager sous main, il la regarde comme un manque de respect et un acte formel de désobéissance; 2° que le baron de Breteuil avait la mission non pas de négocier avec les puissances le rétablissement de l'autorité absolue, mais au contraire de leur faire comprendre l'impossibilité d'une tentative de ce genre et la nécessité dans laquelle se trouvait le roi de donner pleine satisfaction aux idées nouvelles par l'établissement d'une monarchie constitutionnelle, qu'on s'efforcerait de modeler sur les institutions anglaises; M. de Breteuil devait s'employer spécialement à négocier avec les princes de leur adhésion à cette combinaison; il ne put y parvenir; 3° que l'émigration était divisée en deux camps, l'un aux ordres de M. le comte d'Artois et du prince de Condé, fidèle aux traditions de la monarchie pure; l'autre discipliné sous la main discrète du comte de Provence et enclin à composer avec la Révolution, pour peu que son chef en tirât quelque avantage réel.

C'est à celui-ci que Suleau s'attaqua sans ménagement dans la personne de la comtesse de Balbi et d'un certain M. de Jaucourt qui paraît avoir joué un rôle fort équivoque entre les jacobins de Paris et les modérés de Coblentz.

Comme Suleau s'étonnait beaucoup de la présence de madame de Balbi au milieu d'une armée, quelqu'un ne manqua pas de répliquer par l'exemple de Henri IV. « — Henri IV! » Henri IV! répétait vivement Suleau, je » ne sais si le Béarnais transportait les déli- » ces d'Anet dans les plaines d'Ivry; mais il » avait coutume de dire qu'en campagne il » se pardonnerait dix gourgandines plutôt

» qu'une comtesse intrigante. » Le mot fut redit et valut à Suleau une disgrâce complète. Bravant les dangers qui l'attendaient à Paris, il y revint en poste, « persuadé de son » inaptitude à réussir auprès des princes, et » convaincu qu'avec une telle âpreté de ca- » ractère, c'était forcer sa vocation que de » transporter ses tréteaux dans le foyer des » tracasseries et du commérage. » Il s'en faut cependant qu'il regrette son pèlerinage à Coblentz. « Il y a des choses qu'il ne faut pas se » contenter de voir en perspective, si l'on » veut s'en faire une idée juste; mais, ajoute- » t-il, c'est trop parler de moi. Quand on a » l'honneur d'être disgracié à la cour de » madame de Balbi, il y aurait de l'immodes- » tie à divulguer les détails de sa bonne for- » tune. »

Dès lors, profondément affligé de tout ce qu'il a vu, Suleau désespère de la contre-révolution, il étudie la situation et voit clairement que la Révolution est indestructible, parce qu'elle a créé des intérêts nouveaux au profit des classes très-nombreuses qui n'en avaient aucun dans l'ancien ordre des choses. Après cet examen de conscience fait avec la plus rare clairvoyance et la plus haute impartialité, Suleau n'hésite plus; il abjure ses théories agressives et cherche le salut de la

France dans l'établissement d'une monarchie représentative. Le contre-révolutionnaire, l'aristocrate Suleau veut fonder un ordre durable sur l'accord pacifique et le juste équilibre de tous les intérêts.

Il lui fallut un grand courage et une résolution magnanime pour planter si fièrement sa nouvelle bannière au milieu d'un feu croisé d'injures et de malédictions. Beaucoup de ses anciens amis s'éloignèrent de lui comme d'un traître; il se défendit de leurs attaques en homme que sa conscience met à l'abri d'injustices passagères. La transformation est complète, sa parole devient aussi mesurée qu'elle était ardente; elle semble l'expression d'une pensée mûrie par l'expérience et revenue de toutes les illusions. Il paraît comprendre ses nouveaux devoirs, et combien sa renommée pleine de bruit et d'aventures va souffrir aux yeux du vulgaire.

« Je n'ignore pas, dit-il, que le langage froid
» et empesé de la modération ne prête point aux
» mouvements oratoires. Je ne me dissimule point
» qu'en substituant aux élans de ma frénésie con-
» tre-révolutionnaire le ton calme et didactique
» de la sagesse et de la raison, non-seulement
» je sacrifie toute ma coquetterie littéraire, mais
» j'indispose mes plus chauds partisans, j'a-
» meute contre moi tous les bruyants admira-

» teurs de mes folies ; mais si je puis répandre
» à petit bruit le germe de quelques vérités
» utiles et féconder imperceptiblement ces semences salutaires, je ne regretterai point de
» vains applaudissements qu'on paye toujours
» de la considération des gens sensés, et qu'on
» achète quelquefois de sa propre estime ; en
» un mot, je ne prends plus pour de la célébrité
» les scandales de ma donquichoterie, et je veux
» être enfin un homme. Après tout, cette métamorphose est peut-être une idée assez piquante pour que mon amour-propre y trouve
» encore son compte. »

Mais quoique Suleau essaye encore le ton
de la gaîté, ses idées se sont singulièrement
assombries. Il n'y a pas à douter de la sincérité momentanée de sa conversion ; seulement, elle pourrait bien n'être que l'effet du
désespoir ; et quand il invoque la constitution, il semble voir un naufragé s'attachant
à la dernière épave que l'Océan n'ait pas encore engloutie. Toujours impétueux et toujours batailleur, ce Curtius fantasque se précipite dans tous les gouffres. Il lui plut un
jour, c'était en 1792, de convertir Danton et
Robespierre à la constitution anglaise, et
pour se ménager une entrevue avec les deux
tribuns, il pria son ancien condisciple, Camille Desmoulins, de les réunir à sa table.

« Je t'envoie, mon brave Camille, lui écrivait-
» il, un petit canevas de vues utiles , assaison-
» nées de réflexions sages et de conseils mo-
» dérés; tout cela est pourtant de mon cru , et
» c'est à toi que je le dédie; voilà, certes, deux
» grandes singularités! Quoi qu'il en soit , j'ai
» souvent regretté que , placés aux deux extré-
» mités de l'axe politique , nous fussions séparés
» de tout le diamètre de l'horizon. Nous nous
» sommes penchés à l'opposite , sur les deux
» pôles de la révolution, et de là, nous nous
» sommes vigoureusement gourmés. Maintenant
» je vais habiter le centre de la sphère, et je t'y
» donne rendez-vous.... Aujourd'hui , je remar-
» que que tu n'as plus de confiance dans tes idées
» républicaines; je soupçonne même que tu
» es à peu près dégoûté de ton gouvernement
» fédératif, et je te vois presque réconcilié avec
« la famille Capet. »

» De mon côté, je ne suis plus engoué du
» panache blanc : je compatis de toute mon âme
» au sort de ces malheureux émigrés; en général,
» je les aime, je les estime et je respecte leurs
» infortunes; j'opine qu'il faut faire beaucoup
» pour eux, mais rien absolument par eux.

» Il résulte de tout cela que nous avons fait
» une terrible enjambée l'un vers l'autre, et je
» te prédis que bientôt nous ne ferons qu'un
» attelage. J'ai rengaîné mon sabre, brise ta pi-
» que ; essayons de devenir tous deux d'honnêtes
» gens.

» Adieu, mon antipode; j'irai souper samedi
» prochain à ta campagne; je te somme d'y réu-

» nir Robespierre et Danton. Je prends l'enga-
» gement de lui faire confesser qu'à force de
» convoitise, ils ont raté la liberté ; tu verras
» comme je prouve que, hors d'une bonne cham-
» bre des communes, il n'y a point de salut
» pour les tribuns ! »

Il y a un post-scriptum :

« *P. S.* Mille choses gracieuses à ta femme; elle
» est vraiment jolie et très-intéressante ; ne se-
» rait-ce pas dommage que l'un de ces quatre
» matins elle devînt la veuve d'un pendu et la
» proie d'un pandour (1) ? »

Par son contenu comme par son funèbre et désagréable post-scriptum , cette lettre produit une impression glaciale; il y a quelque chose d'égaré dans cette affectation de franchise triviale; cette gaîté grimace, elle est feinte. Déjà les abonnés du journal de Suleau se plaignent de son humeur farouche. La réponse de Camille Desmoulins vint accroître son insurmontable tristesse.

---

(1) Cette triste plaisanterie, tout à fait dans le goût du temps, poursuivit quelque temps Lucile Desmoulins. Il arriva qu'elle fut suivie à la promenade par des jeunes gens qui disaient : « Quel » dommage qu'une si jolie femme soit la femme » d'un pendu ! » (*Camille Desmoulins* , par Ed. Fleury, t. II.)

« Mon ingénieux antipode , écrit Camille, n'at-
» tendra pas longtemps ma réponse. J'aurais cru
» que Suleau se respecterait davantage; le temps
» n'est plus où les écrivains se ravalaient eux-
» mêmes pour amuser le public , en lui donnant
» le spectacle inverse de ceux de l'amphithéâtre ,
» où c'était du moins *les bêtes* qui combattaient
» pour amuser *les hommes;* et quand je ne
» respecterais pas en moi l'homme de lettres et
» le philosophe, je ne dois pas laisser avilir le
» magistrat du peuple , le membre du conseil
» général de la commune de Paris.
» CAMILLE DESMOULINS. »

Recevoir de Camille Desmoulins une leçon
de dignité! Le coup fut rude, bien que Camille eût pris à tâche de l'amortir par la fa-
miliarité calculée d'un billet joint à sa lettre
ostensible. Desmoulins se défend d'une rup-
ture. On dîne si bien avec Suleau, et Camille
eut toujours un faible pour les gens dont l'es-
tomac est aussi délicat que l'esprit (1).

« *P. S.* Adieu , mon cher Suleau ; je puis ap-
» peler ainsi dans une lettre familière, l'homme
» qui a été mon camarade de collége et qui m'a
» prévenu par des témoignages d'amitié non équi-

---

(1) La lettre de Camille, qui n'est imprimée
que dans le *Journal de M. Suleau,* est pour
ainsi dire inédite. Nous la reproduisons en entier.

» voques, mais il y a si peu de personnes faites
» pour croire qu'on peut aimer et estimer un des
» chefs les plus ardents du parti opposé, et mal-
» gré l'amitié de collége, soutenir son opinion
» contre lui dans une bataille rangée, le pistolet
» à la main, comme on l'avait soutenu de la
» plume dans la société; les patriotes sont si
» soupçonneux, et j'ai tant d'ennemis dans tous
» les partis, parce que j'ai dit la vérité à tant de
» gens, qu'il me semble que votre amitié pour
» moi devait vous défendre de la proclamer au
» balcon de l'Opéra, dans toutes les sociétés et
» dans tous les journaux, et d'armer ainsi con-
» tre moi la calomnie, la haine et la défiance.
» J'aime beaucoup à m'entretenir avec vous,
» mais... quand je pourrais excuser cette affecta-
» tion en faveur de ce qu'elle a d'obligeant et de
» flatteur pour moi, suis-je le maître de la répu-
» tation de mes amis? Cependant ils ont beau me
» presser de rompre tout pacte avec l'aristocra-
» tie, j'ai un faible pour les gens d'esprit, eus-
» sent-ils émigré.

» Quand je dine avec Suleau, je me lève de
» table, comme ce saint du lit, en disant : *Dieu*
» *soit loué! je l'ai fait sans péché!* Mais en me
» regardant comme invulnérable, après la preu-
» ve d'incorruptibilité que j'ai rapportée dans
» mon dernier écrit à Brissot, je ne puis im-
» prouver mon ami Robetspierre (*sic*) quand il
» me déclare qu'il se sauverait chez moi en
» voyant entrer un notable de Coblentz. »

Camille et Robespierre suivaient en cette

circonstance le système qu'ils avaient adopté pour leur stratégie politique ; profiter de toutes les concessions que la peur ou la faiblesse arrachent à l'ennemi, ne lui en faire aucune. De cette politique implacable naîtra la journée du 20 juin, puis celle du 10 août, si fatale à Suleau. C'est ce qu'il commence à comprendre, mais trop tard. Il a donné dans son propre piège. « Au fait, se dit-il, Ca-
» mille mourra jacobin, et il est intimement
» persuadé que le roi n'a rien de mieux à
» faire que de prendre le bonnet rouge. Cette
» singularité n'est pas insoutenable. Le roi
» n'a pas été chaudement protégé par le
» clergé ; le roi n'a pas été vigoureusement
» épaulé par la noblesse ; si le roi n'est pas
» du moins secouru par les propriétaires,
» Camille aura parfaitement raison et moi je
» n'aurai été constamment qu'un nigaud. »

Cette idée le possède, s'insinue jusqu'à son cœur et le torture ; il considère ce qui se passe et ce qui se prépare ; la France est couverte de ruines ; Jourdan Coupe-tête règne à Avignon sur des monceaux de cadavres ; les jacobins sont au ministère ; on dresse l'échafaud des meilleurs serviteurs du roi... ; les comités insurrectionnels préparent dans l'ombre la chute de la monarchie ; les honnêtes gens se taisent épouvantés et cherchent leur

salut dans la fuite. « Ah! s'écrie Suleau, l'é-
» vénement prouve que je ne suis qu'un sot
» d'avoir calculé qu'on pourrait inoculer du
» jugement aux jacobins et du courage aux
» honnêtes gens. » Puis tout à coup, saisi de
je ne sais quel délire, il renverse du pied sa
nouvelle idole; il a perdu l'espérance d'intro-
duire actuellement en France un gouvernement libre. Dès lors, ce sont ses expressions,
il ne taillera plus sa plume qu'avec son sabre,
et ne la trempera plus que dans le sang.
Sans doute, il est affreux d'être réduit à
opter entre la servitude étrangère ou l'escla-
vage domestique; « mais ces fers là ne sont
» encore que des chaînes de fleurs si on les
» compare aux horreurs de l'ochlocratie de
» vingt-deux millions de tigres démuselés qui
» déchirent pour le seul plaisir de déchirer,
» et n'ont pas même l'instinct d'être person-
» nels dans leur férocité. Il est encore un
» moyen de sauver la France; ce moyen, je
» le connais parfaitement, je l'ai fortement
» médité. Le remède n'est pas doux, mais il
» est infaillible. La nécessité justifie tout; il
» ne s'agit donc que de savoir s'il est stricte-
» ment indispensable. Quand je serai bien
» convaincu qu'il n'y en a plus d'autre,
» j'aurai le courage, je ne dis pas de l'ensei-
» gner théoriquement, mais de le prêcher

» d'exemple à tous les preux, s'il en est en-
» core. Mais qu'ai-je dit! quel blasphème!

» J'en connais jusqu'à trois que je pourrais nommer. »

Quand Suleau fit, au milieu de la tempête, cette évolution extraordinaire, la souscription de son journal était épuisée. (Le mode d'abonnement alors usité n'a pas d'analogue dans la presse d'aujourd'hui : on souscrivait pour un certain nombre de feuilles que l'auteur faisait paraître à son gré, sans condition de durée ni de périodicité régulière.) Il fait appel à ses amis politiques pour la publication d'une seconde série. Nous ne pouvons éviter de transcrire l'Avis qu'il adresse au public : ce sera notre dernière citation :

« Le début du nouveau journal se fera le jeudi
» 12 avril. Cet intervalle est suffisant pour re-
» cueillir les adresses de ceux qui désireront re-
» cevoir cet ouvrage épouvantable que le mal-
» heur de nos circonstances va teindre de sang
» et joncher de cadavres. Ce sera d'un bout à
» l'autre le cri de ralliement contre les vautours
» qui, après avoir rongé les entrailles de leur pa-
» trie, ont puisé dans cette horrible pâture de
» nouvelles forces pour s'en disputer les lam-
» beaux.

» La maison brûle et Coblentz délibère ! Coblentz tu marcheras, ou je te vouerai au mépris

« et à l'indignation de tout ce qui porte encore
» un cœur français.

» Est-ce l'oraison funèbre de la France que
» j'entreprends? Est-ce le manifeste de son salut?
» Dans l'une et l'autre hypothèse, je ne peux
» plus faire entendre qu'une voix terrible, ou
» des accents lugubres, ou des éclats fou-
» droyants.

» Que ceux qui ne se sentent pas la fermeté
» d'envisager face à face le danger de la tempête,
» et qui aiment mieux chercher dans le sommeil
» un abri contre les retentissements du tonnerre,
» que ceux-là se gardent bien de me lire, je
» troublerais leur sécurité sans aucun avantage
» pour le salut commun. Quand le vaisseau s'en-
» trouvre et menace de céder à la fureur des
» flots, le malheureux qui s'étonne et pâlit à la
» présence de la mort n'a plus de force pour
» la repousser; qu'il aille se coucher, car il ne
» ferait qu'embarrasser la manœuvre....

» ..... Mes feuilles ne seront expédiées qu'aux
» souscripteurs qui se seront fait enregistrer
» chez mon imprimeur, et encore faut-il qu'ils
» s'empressent d'envoyer leur soumission; car
» la souscription sera fermée au 1er mai. J'aime-
» rais mieux me borner à deux mille souscrip-
» teurs (1) que de me rendre l'esclave des traî-
» neurs, et d'essuyer la peine rebutante de bou-
» leverser continuellement mes dimensions mé-

-----

(1) La première série du journal de Suleau
avait réuni quatre mille abonnés.

» caniques pour satisfaire les lubies de tous ces
» tracassiers irrésolus. »

Arrêtons-nous ici ; les aventures héroï-
comiques de François Suleau touchent à leur
dénoûment.

Nous avons essayé de faire partager au lecteur l'intérêt que nous inspire ce personnage
extraordinaire ; il nous reste à expliquer notre sympathie manifeste pour un homme doué
d'un talent qui ne l'élève pas au rang des
grands publicistes , et d'un caractère qui
manqua de cette constance, de cette unité
de vues, de cette simplicité morale qui mar-
quent les grands citoyens. Suleau ne fut ni
un grand homme ni un homme de génie ;
mais ce fut « un homme » au milieu d'une épo-
que fertile en abstractions vivantes. Il est
mobile, impressionnable, prompt à passer de
l'exaltation à l'abattement et de l'atonie à la
fièvre; il ne s'accomplit pas un événement dans
la rue qui ne laisse sa trace dans son esprit;
toutes les fluctuations de l'opinion publique ,
il les a senties et traduites en son langage
plus passionné que correct, plus spirituel
que mesuré. Par cela même, son œuvre est
instructive. D'abord libéral, comme la majorité de la nation, et dévoué à la cause du
progrès, il s'alarme des coups portés à l'au-

torité royale; les premiers actes de violence l'effrayent et l'indignent; comme la majorité de la nation, il se laisse entraîner au courant réacteur que déterminent les attentats des factieux; les excès se multipliant, il est prêt à sacrifier temporairement toute liberté au rétablissement de l'ordre, comme à la plus impérieuse des nécessités sociales; le pouvoir exécutif ne peut suffire à sa tâche : Suleau fait alors un appel à la force; puis, comme épouvanté du combat que se livrent dans son for intérieur la Patrie et la Royauté, il brise tout à coup sa plus chère croyance, et revient tout à la Patrie pour la défendre contre l'invasion étrangère. C'est alors qu'il écrit cette phrase étrange et profonde : « En-
» tre un Bourbon et Robespierre, je n'hési-
» terai pas à ramasser dans la fange le sau-
» veur de mon pays. » N'est-ce pas le mouvement de 1792 expliqué en deux lignes? Comme la majorité de la nation, il désire la guerre, parce qu'elle doit terminer les dissentiments intérieurs et unir tous les partis en un patriotique faisceau. Son espoir est trompé; les partis implacables ne cachent plus leurs desseins odieux contre la monarchie. Alors il n'y a plus en France que deux camps; les honnêtes gens d'un côté, de l'autre les jacobins. Mais les honnêtes gens sont

timides, irrésolus et ne connaissent pas leur force; les jacobins l'emportent; la France succombe et Suleau avec elle.

Tout ce que la nation a voulu, Suleau l'a voulu comme elle; toutes ses fautes, Suleau les a partagées. Toute cette vive jeunesse qui voulait vivre libre sous l'empire des lois, mais non pas courber le front sous l'ignoble joug des démagogues, Suleau la représente au naturel, pleine d'ardeur et de sève, de courage et de générosité, parfois inconséquente, et expiant chèrement ses légèretés, dans un temps où l'erreur trouvait moins de grâce que le crime. Si le mot n'était compromis par l'abus qu'on en a fait, je dirais avec vérité que Suleau est un type; et comme l'histoire d'un homme peut éclairer celle de l'humanité, on apercevra dans la vie de Suleau des traits caractéristiques susceptibles de compléter en quelque manière la physionomie si souvent esquissée de la Révolution française.

Maintenant, terminons.

Le nouveau journal que Suleau avait annoncé sous des auspices si terribles fut étouffé en naissant. Il n'en parut qu'un numéro qu'on peut dater, selon toute vraisemblance, du 15 avril 1792. Peu de jours après, Suleau épousa une jeune et charmante fille, Mlle Adèle Hal, fille du célèbre peintre de ce nom, et dont le talent gracieux n'était pas indigne de celui de son père. On suppose que les douces préoccupations d'un pareil événement ne permirent pas au journaliste de faire paraître le second numéro de sa feuille; ensuite, la honteuse journée du 20 juin, en lui démontrant que la monarchie ne pouvait plus être sauvée, brisa sa plume entre ses doigts. Jusqu'au 10 août, Suleau nous échappe. Cependant nous avons lieu de croire qu'il soumit au roi Louis XVI, quelques jours avant la révolution qui renversa le trône, un plan d'évasion qui fut écarté.

La catastrophe était prévue; Barbaroux, Santerre, Camille Desmoulins, Chabot, Momoro, Pétion, Robespierre, Marat, Danton, Westerman, Lajousky, Carra avaient organisé l'insurrection qui fut terrible. Ce n'est pas que le roi fût tout à fait abandonné; il comptait avec raison sur une partie de la garde nationale. Un grand nombre de gentilshommes et de jeunes gens royalistes étaient spontanément venus grossir le nombre de ses défenseurs. Ces volontaires s'étaient donné rendez-vous aux Champs-Elysées. A deux heures du matin, onze d'entre eux furent arrêtés par les premières bandes insurgées et menés au corps de garde du passage des

Feuillants, à peu près à l'endroit où la rue du Mont-Thabor traverse aujourd'hui la rue de Castiglione. Le corps de garde était séparé par une petite cour de l'église des Feuillants, qui servait aux assemblées de la section de ce nom. Les arrestations continuant, bientôt le corps de garde fut encombré; la garde nationale avait été chargée de veiller sur les prisonniers jusqu'à ce que la section eût procédé à leur interrogatoire.

Vers huit heures et demie du matin, Suleau, que la perspective du danger n'avait pu retenir dans les bras de sa jeune femme, se rendit au château en uniforme de garde national. Il avait reçu du département de Paris la mission de vérifier l'état des choses et d'en faire son rapport au procureur général syndic. Sa haute taille, sa beauté, l'éclat de son uniforme et de ses armes attirèrent l'attention de la foule ; il fut reconnu, arrêté et mené au corps de garde. Il exhiba l'ordre dont il était porteur; on essaya d'en nier l'authenticité. Les municipaux, qui se trouvaient aux Tuileries, confirmèrent leur signature ; mais on le retint encore, sous le prétexte qu'on ne pouvait mettre en liberté aucun individu avant que le président du district ne l'eût interrogé.

Cependant la populace s'amassait dans la

cour ; un officier municipal, craignant quelque scène terrible , monta sur un tréteau pour la haranguer ; on le hua; il fut obligé de descendre. Théroigne de Méricourt le remplaça à cette tribune bien digne d'une pareille assemblée. L'héroïne des journées d'octobre portait le costume des « amazones » françaises ; » elle était armée d'un sabre qu'elle brandissait en parlant. Elle exhorta le peuple au massacre des prisonniers ; mais la garde nationale était là qui les protégeait. Théroigne choisit dans la foule quelques scélérats , à la tête desquels elle se rendit en députation à la section pour demander qu'on lui livrât ses victimes. Le président de la section n'était plus ce magistrat débonnaire qui donnait de si paternelles leçons aux petits colporteurs ; c'était un nommé Bonjour, qui avait occupé un emploi assez relevé dans les bureaux de la marine, et qui s'en était fait chasser honteusement (1) Ce misérable défendit à la garde nationale « de résister aux » volontés du peuple, » et lui ordonna même de déposer les armes (2). Le bataillon tout entier eut la lâcheté d'exécuter cet ordre.

----

(1) Mémoires de *Bertrand Molleville* , t. I.
(2) *Histoire de la Révolution du dix août*, par Peltier, t. I.

Pendant ce temps, une scène dramatique se passait dans le corps de garde où se trouvaient renfermés avec Suleau, un pauvre auteur dramatique nommé l'abbé Bouyou, deux anciens gardes du corps, M. de Solminiac et M. du Vigier. Suleau n'eut pas un instant d'incertitude sur le sort qui l'attendait ; mais il avait fait le sacrifice de sa vie. Tout à coup sa physionomie jusqu'alors calme et même riante, prit un caractère plus grave ; on put voir qu'il venait de prendre une soudaine résolution. « Mes camarades, » dit-il alors à la garde nationale, je vois bien » qu'aujourd'hui le peuple veut du sang ; » mais peut-être une victime leur suffira-t- » elle ; laissez-moi aller au-devant d'eux ; je » payerai pour tout le monde. » Disant ces mots, il allait escalader la fenêtre. La garde nationale le retint. Au même instant le peuple entra.

L'abbé Bouyou fut saisi le premier, entraîné dans la cour et massacré. Un nommé d'Aubigny, membre de la municipalité insurrectionnelle, tout en accablant Suleau d'injures, le fit dépouiller par ses compagnons de son uniforme et de ses armes. Suleau se débattait et protestait. Théroigne parcourait la foule, et dans son ivresse sanguinaire, elle demandait qu'on lui livrât

« l'abbé Suleau. » Elle ne connaissait même pas sa proie ! Une femme la lui indique ; le peuple l'investit. Théroigne prend Suleau par le collet et aide à l'entraîner. Il se débat comme un furieux, pendant que la sanglante courtisane.lui reproche, avec une amertume qui déborde, les sarcasmes dont il l'a frappée. « Ah ! » je suis vieille ? ah ! je suis laide ? ah ! je » suis la maîtresse de Populus ? (1) » Elle veut le percer de son sabre ; Suleau, redoutable encore, le lui arrache, frappe tout ce qui se rencontre ; il se fait un passage ; Théroigne se jette encore une fois sur lui, il va la percer.... Deux cents bras le saisissent, il est mis hors d'état de se défendre, foulé aux pieds et haché à coups de sabre et de pique. Le cadavre fut jeté sur la place Vendôme avec celui de l'abbé Bouyou, de Solminiac, de du Vigier et de cinq autres victimes. Le lendemain, Peltier sortant de sa maison de la rue Neuve-des-Petits-Champs,

---

(1) Voir les *Actes des Apôtres*. M. Michelet a commis là dessus une assez plaisante méprise : « Le député Populus ne la connaissait même pas! » s'écrie-t-il dans son enthousiasme pour cette Jeanne d'Arc du ruisseau. (*Les Femmes de la Révolution*, p. 113.) Mais si l'on mariait Théroigne à Populus, c'était pour exprimer la collectivité de ses amours.

rencontra une troupe de cannibales qui portaient deux têtes au bout de leurs piques.
La première tête qu'il aperçut fut celle de
son ami, de son ami mort pour lui peut-
être ; car Suleau n'avait pas écrit les dia-
tribes dont Théroigne de Méricourt s'était si
cruellement vengée (1).

---

(1) On sait que cette misérable Théroigne , publiquement fustigée après la journée du 31 mai
1793 , devint folle furieuse et fut enfermée à la
Salpétrière , où elle mourut après un supplice de
trente ans. Dans son délire , elle faisait des mo-
tions à un peuple imaginaire et demandait le sang
de Suleau. Le lecteur ne sera pas fâché de savoir
ce que M. Michelet pense de ce meurtre abomina-
ble. Nous copions le morceau :

« Un des hommes qu'elle haïssait le plus était
» le journaliste Suleau , l'un des plus furieux
» agents de la contre-révolution. Elle lui en vou-
» lait non seulement pour les plaisanteries dont
» il l'avait criblée, mais pour avoir publié à Bru-
» xelle chez les autrichiens, un des journaux qui
» écrasèrent la révolution à Liège (*), *le Tocsin des*
» *Rois.* Suleau était dangereux, non par sa plume
» seulement, mais par son courage, par ses rela-
» tions infiniment étendues dans sa province et ail-
» leurs. Montlosier conte que Suleau dans un dan-

(*) En voilà la première nouvelle. Il est probable que c'est
du journal publié à Neuwied qu'il s'agit. Mais M. Michelet
ne l'a pas lu.

Madame Suleau était enceinte lorsque son mari périt ainsi assassiné. Elle mit au jour,

---

» ger lui disait : « J'enverrai au besoin toute ma
» Picardie à votre secours. » Suleau, prodigieuse-
» ment actif, se multipliait ; on le rencontrait sou-
» vent déguisé. Lafayette, dès 1790, dit qu'on le
» trouva ainsi, sortant le soir de l'hôtel de l'arche-
» vêque de Bordeaux (**). Déguisé cette fois encore,
» armé, le matin même du 10 août, au moment
» de la plus violente fureur populaire, quand la
» foule ivre d'avance du combat qu'elle allait li-
» vrer, ne cherchait qu'un ennemi, Suleau pris
» dès lors était mort. On l'arrêta dans une fausse
» patrouille de royalistes, armés d'espingoles, qui
» faisaient une reconnaissance autour des Tuile-
» ries (***). »

    « Théroigne se promenait avec un garde fran-
» çaise sur la terrasse des Feuillants, quand on
» arrêta Suleau. S'il périssait, ce n'était pas elle du
» moins qui pouvait le mettre à mort. Les plai-
» santeries même qu'il avait lancées contre elle
» auraient dû le protéger. *Au point de vue cheva-*
» *leresque*, elle devait le défendre ; au point de
» vue qui dominait alors, l'imitation farouche des
» républicains de l'antiquité, *elle devait frapper*

    (**) Lafayette le dit en effet (*Mém. II*, p. 397.)
    (***) La fausse patrouille et les espingoles sont des détails pittoresques et dramatiques, mais faux. Qu'on n'oublie pas que cette fausse patrouille, que ces porteurs d'espingoles, ce sont des hommes armés pour la défense du roi et de la consti- tution contre les brigands et les assassins ameutés.

en 1793, un fils en qui furent récompensés le courage et les talents de son malheureux époux. Par ordonnance du 20 mai 1816, le roi Louis XVIII conféra à M. Elysée Suleau, alors âgé de vingt-trois ans, sous-préfet de Gannat, chevalier de la Légion d'honneur et de Saint-Louis, le titre de vicomte, « en » considération de ses services personnels et » de la mémoire de son père, mort glorieu- » sement le 10 août 1792, en combattant » pour la défense des Tuileries. » M. le vicomte de Suleau, administrateur éminent, dont Marseille a gardé le souvenir, est aujourd'hui sénateur (1).

» *l'ennemi public*, quoiqu'il fut son ennemi. » (*Les femmes de la révolution*, p. 115—6). En vérité, M. Michelet fait une remarque bien superflue. Il est trop évident que le point de vue des combattants du 10 août, qui furent les égorgeurs de septembre, n'était pas le point de vue chevaleresque.

(1) Suleau avait des frères, qui furent dénoncés aux Jacobins dans la séance du 23 fructidor an II, comme accaparant des farines et *faisant incarcérer les patriotes!* Je lis dans un recueil curieux et rare (*Martyrologe littéraire*, Paris 1816) les lignes suivantes sur un de ces Messieurs : « Frère du malheureux Suleau qui rédi-

gea l'*Ami du Roi* et fut assassiné au 10 août, M. Suleau semble avoir hérité d'une partie de ses talents, et son recueil de poésies légères offre une lecture très-agréable. » Il est possible que Suleau ait concouru avec l'abbé Royou à la rédaction de l'*Ami du Roi*, mais je n'ai pu vérifier le fait. Celui de ses frères dont il vient d'être question a travaillé, m'assure-t-on, au journal *le Drapeau Blanc*, fondé par le spirituel Martinville.

APPENDICE.

Nous croyons devoir compléter cette étude par une notice complète des écrits de Suleau. La bibliographie de la Révolution est encore dans le chaos, et ne peut s'éclaircir qu'à force de recherches spéciales. Comme nous avons eu déjà l'occasion de le remarquer, le travail inséré sur François Suleau, dans *la France littéraire*, est à la fois inexact et incomplet.

1. *Lettre d'un citoyen à MM. les présidents et commissaires de son district.* — Paris, septembre 1789.

2. *Un petit mot à Louis XVI sur les crimes de ses vertus*, par un ami des Trois Ordres. — Paris, octobre 1789.

3. *Projet d'adresse à l'Assemblée nationale.* — Amiens, novembre 1789.

4. *Fidelissimæ Picardorum genti*, ou *Tu dors, Picard, et Louis est dans les fers.* — Amiens, décembre 1789. C'est la brochure incriminée par le Châtelet ; malgré les dénégations très-concevables de Suleau, on put hardiment la lui attribuer.

5. *Premiers interrogatoires de M. Suleau.* — Paris, janvier 1790.

6. *Suite de l'interrogatoire de M. Suleau.* — Même date.

7. *Lettre à M. l'évêque d'A...* (Autun) *et compagnie, auteur de l'adresse aux provinces.* — Mars 1790.

8. *Les Pâques de M. Suleau.* — Avril 1790. — Cette brochure n'est qu'une réimpression du n° v de *l'Apocalypse*, publication analogue aux *Actes des Apôtres*, mais beaucoup moins répandue. Les auteurs de *l'Apocalypse* ont publié (n° vi) une note assez curieuse, au sujet de cette réimpression faite par des colporteurs du Palais-Royal, nommés les époux Webert. « Ce qui », disent ces pamphlétaires, « navre notre cœur de la douleur
» la plus amère, n'est pas tant la contrefaçon
» que la manière dont elle s'est faite. M. S.....
» (Suleau), que nous avions rencontré dans les
» prisons du Châtelet, lorsque, guidés, par la
» charité la plus pure, nous allions offrir des
» consolations aux malheureux qui y étaient dé-
» tenus, nous pria d'insérer dans nos feuilles
» la lettre que la Nation a pu voir dans le numéro
» précédent. Nous accédâmes généreusement à
» sa demande; mais quelle fut notre surprise
» lorsque nous apprîmes indirectement du bri-
» gand Webert que c'était d'après les insinua-
» tions de M. S..... qu'il s'était permis la contre-
» façon dont nous avons à nous plaindre, et que
» c'était M. S..... lui-même qui lui avait donné
» le titre de *Pasques de M. S*..... Nous ne fe-
» rons aucune réflexion sur le procédé d'une
» personne que nous tenons (comme il le dit
» lui-même) pour *un homme d'honneur et doué*
» *de qualités* SUBLIMES. C'est sans doute pour
» donner plus de publicité à sa lettre religieuse
» que M. S..... a fait paraître une seconde édition
» de notre numéro au détriment de la première.
» Quelque pur que soit ce motif, nous ignorons

113

» si le respect qu'on doit aux propriétés n'aurait
» pas dû le faire évanouir.

» Si M. S..... n'est pas content de la rédaction
» de cet article, il est prié de faire parvenir en
» notre bureau (aux caves de l'Observatoire) sa
» réclamation ; il doit être persuadé que nous
» y aurons sûrement égard. » Cette note ne se-
rait-elle qu'une plaisanterie de Suleau?

9. *Lettre à M. Loustallerau* (sic), *rédacteur
des Révolutions de Paris.* — Mai 1790. — (*Actes
des Apôtres*, n° 102.)

10. *Supplément à la feuille intitulée :* « *l'In-
dicateur des Mariages.* » — Mai, 1790. — (*Actes
des Apôtres*, n° 108.)

11. *Lettres de M. Suleau à M. le président
du district des Feuillants et à M. Maréchal ,
commissaire de ce district.* — 21, 22, et 23 mai
1790. — (*Actes des Apôtres*, n°s 113 et 114.)

12. *Nouvelle conspiration de M. Suleau.* —
Mai 1790.

13. *Lettre impartiale de M. Suleau à M. Necker.* — Fin juin 1790. — (*Actes des Apôtres*,
n° 126.)

14. *Nouvelles philippiques.* — Juillet 1790.

15. *Lettres de M. Suleau au duc d'Orléans et
à M. le Vasseur, ci-devant comte de la Touche ,
homme d'affaires de Philippe Capet.* — Juillet
1790. (*Actes des Apôtres*, n° 140.)

16. *Philippe d'Orléans traité comme il le mérite.* — Août 1790. — (*Actes des Apôtres*,
n° 155.) (Cet article de deux pages n'a de com-

mun que le titre avec la fameuse brochure de Ferrier.)

17. *Avis aux vrais Français.* — (*Actes des Apôtres*, n° 156.)

18. — *Le Réveil de M. Suleau, suivi du prospectus du Journal politique que le public lui demande.* — 1er mars 1791 — de l'imprimerie de l'homme sans peur. (Annexé au n° 237 des *Actes des Apôtres.*)

19. *Voyage en l'air* par M. Suleau. — *Second Réveil.* — A Ballomanie, 15 mars 1791. (*Rarissime.*)

20. *Journal de M. Suleau.* — 12 numéros du 20 avril 1791 au mois de mars 1792.

21. *Suite du Journal de M. Suleau.* — N° 1er. — Avril 1792.

FIN.

GRENOBLE, IMPRIMERIE DE C.-P. BARATIER.

TIRÉ A 150 EXEMPLAIRES.

19 AOUT 1854.